FOOTBALL
NOSTALGIE

À Éric Cantona

« Hommes de l'avenir, souvenez-vous de moi. »
Guillaume Apollinaire

Du même auteur

Poésies pour mes amis les enfants, poèmes de Philippe Soupault, photos de Bernard Morlino
Lachenal & Ritter, 1983, rééd. 1985
Essais, textes d'Emmanuel Berl, recueillis, choisis et présentés par Bernard Morlino, Julliard, 1985
Un siècle de football parisien, La Manufacture, 1986
Philippe Soupault, qui êtes-vous ?, La Manufacture, 1987
Un siècle d'olympisme, La Manufacture, 1988 et 1992
Emmanuel Berl, les tribulations d'un pacifiste, La Manufacture, 1990
Concierges de Paris, photos de Johannes von Saurma, nouvelle, La Mémoire, 1989
Tournée en France, portraits de facteurs, photos de Johannes von Saurma, nouvelle, Marval, 1990
L'Interview, les confessions du dernier géant, La Manufacture, 1992
Un spectateur engagé, recueil de critiques télés d'Emmanuel Berl réunies et présentées par Bernard Morlino, François Bourin, 1993
Portrait(s) de Philippe Soupault, Bibliothèque nationale, 1997
Manchester Memories, Le Castor Astral, 2000
Louis Nucéra, achevé d'imprimer, Le Castor Astral, 2001
Brassens-Nucéra, délit d'amitié, L'Archipel, 2001, rééd. 2006
Berl, Morand et moi, Le Castor Astral, 2002
Le Reste du monde, Séguier/Archimbaud, 2003
Champion de sa rue, Le Castor Astral, 2004
Envoyé spécial de personne, Le Castor Astral, 2006
Brèves de foot, préface d'Éric Cantona, Seuil, 2006

ISBN 10 : 2-2580-7116-X
ISBN 13 : 978-2-2580-7116-2 – N° d'éditeur : 821
Achevé d'imprimer en France par IME
Dépôt légal : novembre 2006
Maquette : Cucchi
Retrouvez-nous sur internet : **www.horscollection.com** (catalogue, informations, jeux, messagerie)

Bernard Morlino

FOOTBALL

NOSTALGIE

L'album d'une passion

HORS COLLECTION
éditions

Rue des Archives-Paris France

Préface

À la recherche du football perdu

Ce livre n'est pas de la nostalgie pour dire que c'était mieux avant et qu'il n'y a de paradis que les paradis perdus. Son but est de se souvenir pour ne pas oublier hier et avant-hier. Le football existait bien avant 1998, contrairement à ce que l'on pourrait parfois croire en France, vu la liesse populaire déclenchée par la conquête de la Coupe du monde. Cet album démontre qu'il existe une histoire du football comme il existe une histoire de la littérature ou de la peinture. Les anciens ont montré le chemin à suivre, tel Raoul Diagne, premier joueur noir à évoluer chez les Bleus dès 1931. Voici donc la preuve que le football tricolore est un pionnier dans le domaine de l'intégration. Chaque époque a eu ses joueurs, ses champions qui n'effacent pas les précédents. Dans une suite de séquences où le texte et l'image se renvoient la balle, on remonte le temps pour saluer les acteurs majeurs de ce sport devenu planétaire.

Dès ma rencontre avec Bernard, il y a une vingtaine d'années, j'ai été frappé de l'entendre parler d'un match comme d'un livre. Il décortique toujours les actions avec la passion du cinéphile qui analyse tel ou tel plan d'un film ou du lecteur heureux d'avoir déniché un beau passage dans un livre. Sachant que le foot est l'art de l'éphémère, il se souvient d'infimes détails que peu de gens voient. Bien avant la mode du foot, il a considéré les footballeurs comme des créateurs à part entière dont le moyen d'expression a une valeur éducative qui enseigne aussi bien la fraternité, le goût de l'effort, le respect de l'éthique et l'esthétisme à sa plus haute expression. Au fil des pages, on assiste à la genèse du football moderne. *Football nostalgie* rappelle le parcours des joueurs de jadis afin que le football ne perde pas son âme au sein de l'affairisme du XXIe siècle. Les images fixes célèbrent les exploits d'hier, au temps d'avant la télévision, cette dévoreuse de champions.

Voyageons avec les Italiens des années 1930, les Autrichiens d'avant-guerre, les Hongrois de Puskas, les Madrilènes de Di Stefano, les Brésiliens de Pelé et de Garrincha, les Hollandais de Cruyff, les Argentins de Maradona et avec, bien sûr, Raymond Kopa, Michel Platini, Éric Cantona et Zinédine Zidane. Sans oublier les Verts et les Bleus de ma jeunesse. Me voir épinglé dans ce kaléidoscope m'honore et m'impressionne. Tout est passé si vite !

Dominique Rocheteau

Sommaire

PresseSports/L'Équipe

Lyon/Saint-Étienne, 5 octobre 1969.

> 1957
Nice. À l'école du foot

« Toute passion qui remonte à l'enfance a quelque chose de sacré »

L'OGC Nice dans les années 1930 à Nice. Debout : J. Cauvin, Rodes, Magnon, Raschoffer, J. Bessero, Caron et Stolzparth. Accroupis : Dellavalle, Tomasi, Tilmont, Hawlik et Denegri.

Ce mot n'est pas d'un sélectionneur national mais de Gérard de Nerval. J'aurais pu être supporter des Verts si ma mère m'avait mis au monde à Saint-Étienne. Niçois d'origine, j'ai donc été attaché d'office à l'OGC Nice, club phare du football français des années 1950, réussissant l'exploit de battre le Real Madrid, en Coupe d'Europe. À chacun sa madeleine de Proust. Dès que deux personnes parlent ballon rond, l'un des interlocuteurs se réfère souvent à son père. Le mien, boulanger de métier, eut l'idée originale de m'éduquer par le biais du football. Il est devenu une sorte de précepteur des pelouses pour m'apprendre à vivre sur le terrain. « Tu dois savoir jongler et dribbler, sinon tu n'arriveras jamais à rien. La combativité est la première des qualités… » Comment oublier ces paroles paternelles dites quand j'avais huit ans ? « Ne dépasse pas les lignes blanches sinon tu te mettras hors jeu. » Afin de masquer son manque d'études, il m'enseigna le domaine dans lequel il était en pays de connaissances. Et pour cause, sans la Seconde Guerre, l'espoir Marcel aurait fait un bon milieu offensif professionnel. L'endroit idéal pour distribuer le jeu. Malheureusement, Hitler contrecarra les plans du junior.

Dribblant les arbres qui représentaient une suite d'adversaires patients…

À partir de 1960, je me suis entraîné tous les jours à dominer le ballon ; jonglant pendant des heures et dribblant les arbres qui représentaient une suite d'adversaires patients. Pendant des mois, qui sont devenus des années, je m'entraînais seul dans mon coin après l'école ou avec mes copains. Petit à petit, je suis parvenu à faire corps avec la balle que je faisais passer d'un genou à l'autre et de la poitrine à la pointe des pieds, capable de l'immobiliser contre mon tibia. Mon père, ce champion de sa rue, ne m'a jamais demandé d'être une star : il voulait simplement que je contrôle le ballon, une façon de m'inciter à contrôler ma vie. Le football est du grand art

parce qu'il sollicite à la fois l'anticipation et la spontanéité au sein d'une adversité constante. Aucun peintre n'est obligé d'éviter quatre crocs-en-jambe avant d'atteindre sa toile. Il est temps d'ouvrir l'album, non pas pour dire « c'était mieux avant », mais parce que sans hier, pas d'aujourd'hui. « À l'école du foot, on n'apprend pas : on joue ! » Chaque match est une fabrique de souvenirs. Avoir de la mémoire ne signifie pas être un nostalgique borné surtout quand on se plonge dans la période nazie.

Les romans de Georges Simenon n'empêchent pas d'apprécier ceux de Gustave Flaubert. Une voiture dépourvue de rétroviseur est dangereuse à conduire. Question matériel, tout est mieux aujourd'hui, du ballon aux chaussures. Niveau technique, le jeu a gagné en rapidité et en qualités physiques. Une plongée dans les archives s'impose néanmoins pour saluer ceux qui ont servi le football au lieu de s'en servir.

Loin de l'angélisme, l'*Homo footballicus* mérite qu'on le remette en lumière. Ainsi on comprendra pourquoi ce sport qui consiste à courir derrière un ballon, et parfois aussi à faire courir le ballon, fascine la terre entière, du Chili à Moscou et de Londres à Kingston. Désormais, on parle de la période du Wunderteam autrichien comme de la période bleue chez Picasso. Les professeurs du lycée Masséna, à Nice, m'ennuyaient avec leur manque d'enthousiasme. J'aimais mieux ceux de l'OGC Nice. Quand, en sixième, je montais au stade du Ray, j'observais Maurice Serrus charger les adversaires et organiser le jeu ; je ne quittais pas des yeux Charly Loubet, qui attaquait sur son aile pendant que Bruno Rodzik défendait avec tout son cœur. Les Aiglons affichaient les mêmes valeurs que celles de mon père : travail, volonté, intelligence, courage et altruisme. À partir du moment où j'ai su lire et écrire, l'école devint un fardeau. À quoi cela sert-il d'apprendre à apprendre ? Le football, lui, c'est la pratique. On gagne ou on perd. La sanction est immédiate. On peut même partager les points. Au bahut, les enseignants disaient : « Si vous n'êtes pas bons en maths, vous serez dirigés vers des métiers manuels… » Quel mépris ! Que devaient-ils penser de ceux qui gagnent leur vie avec leurs pieds ? Un agrégé d'anglais vociférait souvent : « Les Noirs ne sont bons qu'à courir le 100 mètres et à jouer du tam-tam… », alors qu'au stade j'applaudissais Barrou, si brillant contre le Real Madrid.

J'aimais mon ballon comme d'autres leur chien. Je dormais avec. Tout en rondeur, pas un angle. Quelle douceur ! Lors de la Coupe du monde 1966, tout à coup, j'eus droit à un Festival de Cannes du football. À cette époque, le ski était plus connu que le foot en France. On ne parlait que des sœurs Goitschel, de Guy Périllat, de Jean-Claude Killy et de leur mentor Honoré Bonnet. Les skieurs faisaient la une des journaux. Entre les jeux Olympiques d'hiver d'Innsbruck et ceux de Grenoble, la neige avait la cote. Les résultats des footballeurs tricolores étaient trop médiocres pour que la presse puisse les vanter. Aucune star du ballon français ne pouvait faire vendre du papier. Marielle et Christine Goitschel, Annie Famose et Isabelle Mir tenaient le même rôle que Zidane, Barthez et Henry aujourd'hui, d'autant que le général de Gaulle les adorait. Désormais, si l'on se souvient du film *Le Pont de la rivière Kwaï*, on n'a pas non plus oublié RFA-France 1982. Le langage universel du football se comprend sans être traduit comme la peinture, la danse et la musique. Tout le reste est littérature.

> 21 juin 1930 Villefranche-sur-Mer

Les Bleus sur la Grande Bleue

Ce jour-là, il n'y avait pas une grande foule sur le quai du petit port de Villefranche-sur-Mer, hormis quelques pêcheurs, les passagers et l'équipage du *Conte Verde*, paquebot italien de 170 mètres en partance pour l'Uruguay

Jules Rimet, président de la Fédération française de football, créateur de la Coupe du monde.

Roger-Viollet

Ce désert médiatique permit à mon père, alors âgé de sept ans, de parler aux joueurs de l'équipe de France, qu'il n'avait encore jamais vus. Tous saluèrent cet unique supporter qui fut invité à monter sur le bateau pour découvrir le trophée de la première Coupe du monde. Le créateur de la compétition, Jules Rimet, montra à l'assemblée, qui comptait le ténor Chaliapine, la statuette de la déesse de la Victoire, en or massif, ciselée par Abel Lafleur. Le président de la FIFA (Fédération internationale de football association) annonça que l'équipe de Roumanie était déjà sur le bateau en attendant celles de Belgique et de Yougoslavie, qu'ils accueilleraient à Barcelone.

Les passagers sur les chaises longues purent admirer les biscoteaux d'Étienne Mattler.

Les quatre nations européennes arrivèrent à Montevideo quinze jours après que le « Roi du dribble », Edmond Delfour, eut fait la bise d'adieu à mon père. La traversée fut du pur bonheur. En 1930, le voyage ne consistait pas à se rendre quelque part à la vitesse supersonique. Comme les joueurs n'avaient qu'un seul ballon pour s'entraîner, ils privilégièrent la culture physique. « C'est le plus beau moment de ma vie », dira le solide goal breton Alexis Thepot, qui regardait marcher sur les mains Numa Andoire. Sur le pont, un arbitre se tenait à l'écart afin de ne pas sympathiser avec les compétiteurs. Les passagers sur les chaises longues purent admirer les biscoteaux d'Étienne Mattler, qui fut l'un des

Partie de Villefranche-sur-Mer, l'équipe de France mit quinze jours pour atteindre Montevideo. Entre deux photos souvenirs, les Tricolores s'entraînèrent sur le bateau avec l'unique ballon en leur possession.

ImageForum

joueurs les plus populaires des années 1930. Le défenseur du FC Sochaux était intraitable dès qu'on tentait de le déborder, dans la vie comme sur le terrain : un soir en Italie, au restaurant, il entonna *La Marseillaise* pour montrer son opposition aux partisans de Mussolini.

En Uruguay, l'inter gauche Lucien Laurent, ouvrier de métier, devint le premier buteur de l'histoire de la Coupe du monde face au Mexique, battu 4-1 lors du match d'ouverture. La publication *L'Auto* salua la performance de « p'tit Lulu » d'un entrefilet. Les Tricolores Augustin Chantrel et Marcel Pinel étaient surnommés les « intellectuels », parce qu'on les avait sollicités non pas pour être des consultants dont on écrirait les articles illustrés par une de leurs photos, mais afin de tenir le rôle de pigistes rapporteurs d'informations. Le pays organisateur rafla le tournoi majeur, qui ne fut pas retransmis à la radio. Mon père repensait souvent au départ du *Conte Verde*. Pas besoin d'avoir été joueur pro pour aimer le football, sinon la lecture devrait être réservée aux écrivains.

ImageForum

L'attaquant français Lucien Laurent, pris en 1930, est devenu le premier buteur de la Coupe du monde de football lorsqu'il a marqué pour la France contre le Mexique, au premier tour de la compétition, le 13 juillet 1930 en Uruguay. La France s'est imposée 4 buts à 1.

Edmond Delfour.

ImageForum

ImageForum

Les Uruguayens José Pedro Cea, Hector Scarone et Hector Castro célèbrent leur victoire 4-2 contre l'Argentine, en finale de la première Coupe du monde, le 30 juillet 1930.

> 1919 Saint-Ouen

L'Étoile Rouge de la banlieue

Accoucheur du football moderne, Jules Rimet, vingt-quatre ans, fonda le Red Star, en 1897, avant de créer la Coupe du monde

Union des Sociétés Françaises
de Sports Athlétiques

RED STAR CLUB

★

Fondé le 12 Mars 1897

SIÈGE SOCIAL :
CAFÉ PIOLAT, 40, RUE FABERT

STATUTS

IMPRIMERIE G. LESUEUR

Jules Rimet a créé le Red Star avant d'inventer la Coupe du monde.

Une sortie du goal emblématique Pierre Chayriguès.

Ce fils d'épiciers de Franche-Comté s'aperçut que le football rassemblait des gens de diverses origines soudés dans un élan fraternel et que la victoire facilitait la formation d'un groupe, alors qu'une bande d'amis non complémentaires ne faisait pas une équipe compétitrice. À Saint-Ouen, l'animateur ne voulait pas que les jeunes moisissent au café sans s'identifier à des champions. On doit encore à ce prophète d'avoir présidé la FFF (Fédération française de football) dès sa création, en 1919, et surtout la FIFA à partir de mars 1921. L'une des grandes satisfactions du dirigeant émérite et de son secrétaire général Henri Delaunay à la FFF fut d'émanciper la FIFA de la tutelle du Comité international olympique, qui voyait d'un mauvais œil la création d'une Coupe du monde organisée sans son contrôle. Jules Rimet anglicisa le nom de l'Étoile Rouge pour se rapprocher davantage des Anglais. Il était plus croyant que pratiquant, car personne ne l'a jamais vu en short.

L'équipe du Red Star en 1939.

Roger-Viollet

Un grand résistant dans les rangs du Red Star

Certain de n'avoir aucun talent de joueur, il se pliait en quatre pour donner les moyens de jouer à ses contemporains. À la fin du XIXe siècle, il portait le chapeau rond et la barbe au milieu de ses footballeurs en maillot rayé marine et blanc. Petit de taille, il ressemblait à Toulouse-Lautrec. Son frère, Modeste Rimet, secrétaire du club, nota dans les statuts : « Les discussions politiques et religieuses sont proscrites. » Le Red Star fit parler de lui dès 1908 lorsqu'il remporta la Coupe Manier. En 1910, le président installa son club à Saint-Ouen, la campagne à portée de Paris. Derrière chaque cage, un simple talus d'herbe servait de tribune. Entre 1921 et 1923, ses joueurs raflèrent trois Coupes de France. Les vedettes se nommaient Lucien Gamblin et Robert Joyaut. Autour du stade, il y avait des murs de briques rouges comme à Liverpool. Après la fusion avec l'Olympique de Paris, le Red Star adopta le vert et blanc, nouvelles couleurs officielles. En 1928 et en 1942, les Audoniens parvinrent à gagner deux nouvelles Coupes. Le gardien Julien Darui prit une part prépondérante dans la conquête de celle enlevée pendant la guerre : souplesse, sens du placement, dictant ses ordres à sa défense, précis dans ses dégagements, il révolutionna la pratique de son poste grâce à sa vue d'ensemble, dont il faisait bénéficier ses partenaires. Les années 1939-1945 nuisirent à sa carrière, mais ce ne fut rien en regard de Rino Della Negra, l'espoir de la banlieue tombé sous les balles des nazis au mont Valérien, avec vingt et un résistants du réseau Manoukian.

Lors de ses quatre premiers trophées en Coupe, le Red Star avait pour avant-centre Paul Nicolas, commerçant de métier, qui deviendra le sélectionneur des Bleus lors de l'épopée de

L'équipe du Red Star en 1913.

Roger Viollet

Au cirque Jean-Richard, Julien Darui demandait au public d'essayer de lui marquer des buts.

1958 en Suède. Au moment du Front populaire, le club avait sur son aile droite ou gauche le « Feu follet » Fred Aston, qui enflammait le public par ses dribbles gauche-droite sur le bord de la touche, dont il soulevait la chaux comme un cheval soulève la poussière. Du haut de son 1,65 mètre, il n'avait peur de rien, filant au poteau de corner pour repiquer au centre. Sa dégaine et son football, appris dans la rue, firent de lui une vedette dans toute la France. L'ailier s'entraînait quatre fois par semaine après son travail au sein de la papeterie de son beau-père. Il roulait en Rosengart et s'entendait bien avec son partenaire hongrois André Simonyi, qui, en 1938, marqua six buts contre Roubaix sur des « caviars » de son pote « en caoutchouc ».

Le Red Star fut le club phare des années 1920.

Sélectionné pour les Coupes du monde 1934 et 1938, Fred Aston y prit part contre sa volonté : « C'était une corvée de fin de saison. Nous aspirions tant au repos. » Après trente et une capes chez les Bleus, il fit ses adieux sous le maillot tricolore le 19 mai 1946, à trente-quatre ans, par une victoire 2-1 contre les « Rosbifs ». Son franc-parler et sa présence illuminèrent le Red Star de 1932 jusqu'à sa retraite internationale, hormis un court passage au Racing Club de Paris. « Je dois tout au football, qui m'a ouvert l'esprit, fait voyager et mis en présence de fortes personnalités. » Il quitta les Bleus avec l'attitude de quelqu'un qui assiste à son propre enterrement. Au Red Star, il touchait 500 francs par mois. À peu près 750 euros actuels. L'argent mis de côté le dispensa d'entrer au cirque Jean-Richard, comme son partenaire Julien Darui, qui demandait au public d'essayer de lui marquer des buts. Tragédie du champion déchu… Le Red Star ne retrouva plus jamais son prestigieux rang d'autant que, en 1955 et 1960, le club fut au centre d'une double affaire de corruption d'adversaires. Devant ce gâchis, Fred Aston estima qu'on avait confié le musée du Louvre à des gens qui se sont enfuis avec la Joconde. « On n'a pas le droit de casser le rêve des banlieusards. » Le Red Star, c'était leur Olympia.

Toute la pureté du style de Julien Darui est dans ce plongeon, d'un équilibre parfait.

> 1921

De Paris à São Paulo, les premières

Pierre Chayriguès (1892-1965)

Souvent sans gants, il garda vingt et une fois la cage tricolore. Rassurant pour ses partenaires, il défendait son camp tel un joueur de champ. Son sens de l'anticipation et son autorité dans la surface de vérité incitèrent, par ouï-dire, des novices à venir au stade de Saint-Ouen, croyant y trouver des sauvages pratiquer les jeux de la Rome antique. Blessé à l'épaule pendant la guerre de 1914-1918, il s'absenta neuf ans des terrains. Le Parisien du Red Star, vainqueur de trois Coupes de France (1921-1923), touchait l'équivalent de 60 euros par mois. La Fédération le radia quand il avoua vivre de ses gains de joueur.

José Leandro Andrade (1901-1957)

Première « Perle noire » du football, l'Uruguayen fut double champion olympique (1924 et 1928) avant d'offrir à son pays le premier Mondial de l'histoire en 1930. Altruiste, Andrade fondait son jeu sur l'art de servir les autres. Grand pour l'époque (un mètre quatre-vingt), il bougeait avec une vélocité de chaque instant. Sa *vista* revient tout le temps dans les témoignages des ultimes spectateurs de ses exploits. Andrade fut le premier footballeur dont on utilisa l'image dans la publicité. Adulé au cours de sa carrière, il est mort dans un hospice, abandonné de tous.

Étienne Mattler (1905-1986)

Avec quarante-six capes (1930-1940), le capitaine des Bleus a détenu longtemps le record de sélections. Dans le haut du tableau récapitulatif des internationaux, il est le seul pionnier à subsister parmi les nouvelles générations. Ce colosse des surfaces occupait le flanc gauche avec une autorité jamais vue. Contre l'Espagne (1-0), en 1933, il resta sur le terrain, malgré une mâchoire fracturée et deux dents cassées. Leader du FC Sochaux, il remporta la Coupe de France en 1935 et fit le doublé en 1937. Au cours de la guerre, il accomplit plusieurs actes de résistance. À sa retraite sportive, il ouvrit un bar-tabac à Belfort. Signe de la parfaite reconversion.

PresseSports/Excelsior

Pierre Chayriguès

PresseSports/Lionel Loget

L'Uruguayen José Leandro Andrade a été l'un des principaux artisans de la victoire de son pays lors de la première Coupe du monde. L'expression « Perle noire » est née avec lui.

ImageForum

stars de la planète foot

Giovanni Ferrari (1907-1982)
Il a enlevé la bagatelle de sept titres de champion d'Italie avec l'Inter Milan, sans discontinuité, entre 1931 et 1935. En 193 matchs, il marqua 76 buts. Aux côtés de son compère de l'attaque italienne, Giuseppe Meazza, il gagna deux Coupes du monde (1934 et 1938). Ensemble, ils ont fait rêver des millions d'Italiens dans l'Italie fasciste. Pour mettre à profit son expérience, il ouvrit une école d'entraîneurs. Avant-guerre, les gens voulaient approcher la coqueluche comme on approche un acteur de cinéma. Lui s'en amusait. À part le football, rien n'intéressait l'inter gauche, hormis sa famille.

Giuseppe Meazza (1910-1979)
L'alter ego de Ferrari reste indissociable de son partenaire. Ils jouaient en une-deux sans se chercher. L'inter droit savait embarquer deux défenseurs pour libérer de l'espace à son copain. Le double champion du monde (1934 et 1938) marqua 218 buts dans le Scudetto. Sous le maillot de l'Ambrosiana-Inter, il enleva le Campionato 1937-1938. Son taux de réalisation avec la Squadra Azzurra est fort convenable : 33 buts en 53 sélections. Il fit aussi bénéficier de sa classe l'AC Milan, la Juventus Turin et l'Inter Milan. En 1938, il construisit le jeu offensif de l'Italie lors de la conquête du titre mondial. Toujours impeccable sur le terrain, il était reconnaissable grâce à ses cheveux gominés en arrière.

ImageForum

Pour l'éternité, l'équipe d'Uruguay pose lors de son couronnement de 1930. Les premiers champions du monde de l'histoire s'imposèrent en finale 4-2 contre l'Argentine.
Debout : Figoli (masseur), Alvaro Gestedo, José Nazazzi, Enrique Ballesteros, Ernesto Mascheroni, José Leandro Andrade, Lorenzo Fernandez et Greco (masseur).
Accroupis : Pablo Dorado, Hector Scarone, Hector Castro, José Pedro Cea et Santos Iriarte.

Tirage au sort avant le coup d'envoi de France-Italie de 1938 entre les deux capitaines Étienne Mattler et Giuseppe Meazza.

ImageForum

> 1921 De Paris à São Paulo, les premières stars de la planète foot

PresseSports/Excelsior

Debout : Julien Darui, François Bourbotte, Gusti Jordan, Étienne Mattler, Raoul Diagne.
Accroupis : Roger Courtois, Larbi ben Barek, Alfred Aston, Oscar Heisserere, Emond Weiskopf.

Gusti Jordan (1909-1990)

Alors qu'il était international B, l'Autrichien quitta son pays pour la France en même temps que Rudi Hiden, en 1933. L'avant-centre se reconvertit demi-centre, montant sur corner pour mettre en évidence son jeu de tête. Joueur essentiel du Racing Club de Paris, il remporta quatre Coupes de France et fit le doublé de 1936. Sa sûreté défensive contribua à ce qu'on le surnomme « Policeman ». Naturalisé français, il porta seize fois la tunique de l'équipe de France. L'extrême droite fit une campagne de presse pour dénigrer l'Autrichien appelé à défendre les couleurs bleu, blanc, rouge. Gabriel Hanot, lui, vanta l'intégration à la française par le biais du football. Jordan n'oublia pas que la France l'accueillit au moment de *l'Anschluss*, alors que son pays natal était bafoué par Hitler. Il éprouva le même sentiment que l'apatride Guillaume Apollinaire, heureux de faire la Première Guerre mondiale sous l'uniforme bleu horizon qui lui offrait une patrie.

Leonidas da Silva (1913-2004)

L'attaquant brésilien fut le meilleur buteur de la Coupe du monde 1938 (7 buts). À Paris, il aurait pu devenir champion du monde si ses dirigeants ne l'avaient pas retiré de l'équipe lors de la demi-finale Brésil-Italie, afin qu'il soit plus fort en finale. Le joueur pourtant en pleine forme assista à la défaite (1-2) des siens depuis les tribunes ! Quelques jours plus tôt, il avait marqué quatre fois contre la Pologne (6-5) en huitièmes de finale, au cours d'un match sous la pluie. Ni grand ni petit, le « Diamant noir » imposa ses frappes instantanées. La Coupe du monde l'a immortalisé alors que son compatriote Artur Friedenreich (1892-1969) fut la première vedette noire du football mondial, auteur de 1 329 buts, à São Paulo.

Alfred Aston, Larbi ben Barek et Gusti Jordan inquiètent Krzyk (de dos avec une casquette).

PresseSports/Excelsior

PresseSports/Popperfoto

Le Brésilien Leonidas da Silva, meilleur buteur de la Coupe du monde 1938, disputée en France, était très apprécié des spectatrices qui n'étaient pas rares au stade de Colombes.

Sir Stanley Matthews (1915-2002)

Le « sorcier du dribble » eut une longévité inégalée, jouant en première division anglaise à plus de cinquante ans, après 34 saisons, soit 886 matchs sans recevoir le moindre avertissement. Titulaire à Stocke City dès quatorze ans, international à dix-neuf ans, vainqueur de la Cup avec Blackpool à trente-huit ans, premier Ballon d'or de *France-Football* à quarante et un ans, il fut sacré footballeur anglais de l'année, à quarante-huit ans. Pour expliquer son tonus, ce fils de barbier boxeur et de coiffeuse confiait : « Je me lève à 6 heures du matin pour faire des exercices physiques. Mon modeste gabarit ne m'autorise aucun écart. » Sachant très tôt qu'il n'était pas un buteur, l'ailier droit choisit de se mettre au service des siens. Drapé dans l'élégance, il n'écoutait ni les louanges ni les critiques.

John Charles (1931-2004)

En 1997, lors d'un sondage auprès des supporters inconditionnels de la Juventus Turin, le Britannique fut désigné « meilleur joueur de la Juve » devant Platini et Zidane. Le gentleman des pelouses ne reçut jamais le moindre avertissement lors de sa carrière, de 1949 à 1966. Dès qu'il a vu jouer le buteur sous le maillot de Leeds, Umberto Agnelli le fit signer à la Juve. Son physique imposant (1,87 mètre pour 83 kg) le rendait quasiment imbattable dans le jeu aérien. Durant les cinq saisons qu'il passa au club (1957-1962), il forma avec l'Argentin Omar Sivori un duo redoutable. John Charles marqua 93 buts en championnats, qu'il remporta à trois reprises. Grâce à lui, son pays natal, le pays de Galles, disputa la Coupe du monde pour l'unique fois de son histoire, en 1958.

ImageForum

Le Gallois John Charles a été élu meilleur joueur de toute l'histoire de la Juventus Turin.

ImageForum

Robuste et élégant, John Charles s'imposa dans le calcio dont il fut l'immense vedette, à la charnière des années 1950 et 1960.

En pleine action de la finale de la Cup 1953, le 3 mai, à Wembley, Stanley Matthews (38 ans) dribble le défenseur Henry Barass lors de la victoire de Blackpool contre Bolton (4-3).

ImageForum

ImageForum

Surnommé le « Mozart du football », l'Autrichien Mathias Sindelar a été l'un des plus grands techniciens du ballon rond. D'origine juive, il fut tué par la Gestapo parce qu'il refusa de jouer pour l'Allemagne quand Hitler s'appropria l'Autriche.

Le Wunderteam

Pendant vingt ans, la France essaya de vaincre l'Autriche, sans succès

Les Tricolores prenaient des raclées face à des footballeurs regroupés dans une « équipe merveilleuse » développant un jeu fondé sur la vitesse d'exécution. On compara son football aux valses de Johann Strauss. Une totale liberté d'expression émanait de cette génération rassemblée par le fils de banquier Hugo Meisl, sorte de Louis Jouvet du football, capable d'épanouir la plus introvertie des personnalités. Devenu secrétaire général de la Fédération de foot de son pays, il mit au point le professionnalisme et créa la Coupe Mitropa, ancêtre de la Champions League. Sa ligne d'attaque (Zischek-Gschweidl-Sindelar-Vogl-Schall) imprimait la cadence dès le coup d'envoi des matchs qui déplaçaient les foules dans toute l'Europe. Leur mentor Meisl ne jurait que par le jeu balle à terre, selon la tactique qu'il avait mise en vigueur avec l'entraîneur anglais Jimmy Hogan. Le gardien historique, Rudi Hiden, confia : « Nous avions une équipe pour l'éternité. Quand je voyais mes copains étourdir les adversaires, j'étais au théâtre ! » De fait, ses partenaires faisaient ce qu'ils voulaient comme si la rencontre avait été auparavant décrite sur un tableau noir. Leur stratégie en triangle consistait à se faire des passes en courant sur le principe du une-deux. Puisque les Autrichiens n'étaient pas consignés au marquage individuel, chacun d'eux exposait ses

PresseSports/Excelsior

4 juin 1938. Ouverture en France de la 3e Coupe du monde réunissant 15 pays avec Allemagne-Suisse (1-1).

Supporters de l'Allemagne nazie contre la Suisse.

PresseSports/Excelsior

qualités naturelles. S'ils prenaient des buts, ils en marquaient toujours un de plus que l'équipe d'en face. Parmi les vedettes du Wunderteam se distingua le « féerique » Mathias Sindelar, surnommé le « Mozart du football » en raison de ses qualités conjuguées de créateur et de finisseur, d'élégance et de fragilité. « Il jouait si bien que les autres ne pouvaient pas le comprendre », disait-on de lui. Au moment de l'Anschluss, l'élément clé de l'Austria de Vienne fut écarté de la nouvelle sélection allemande alors qu'il fut aligné quarante-trois fois sous le maillot de l'Autriche. Le 23 janvier 1939, Sindelar et sa compagne furent retrouvés morts dans leur modeste logement. Les journaux de l'époque évoquèrent la déprime d'un champion, alors que le joueur juif avait été abattu par la Gestapo. Vingt mille personnes assistèrent aux obsèques de l'opposant déclaré du régime nazi. Le Wunderteam incarna un temps fort du football d'Europe centrale dont bénéficia la France par l'apport de Rudi Hiden, qui fut le goal du Racing Club de Paris, où il remporta trois Coupes de France, plus le doublé de 1936. Naturalisé, le gardien jouera une fois sous le maillot des Tricolores qu'il avait battus 0-4, le 12 février 1933, au Parc des Princes avec Sindelar. Du haut de son 1,82 mètre, Hiden, vêtu d'un pull-over en laine noir avec un col roulé blanc, régnait dans la surface de vérité, bondissant loin de sa ligne comme aucun autre gardien de son temps. Ses mains énormes servaient à faire régner sa loi. Il avait l'art de renvoyer la balle dans les pieds de ses partenaires, au millimètre près. Ce qui équivalait à une ouverture dès sa relance. L'Autriche, sans son légendaire schéma tactique WM consistant à jouer avec un trio d'arrières, deux milieux récupérateurs, deux demis offensifs et trois attaquants, n'a jamais trouvé de second souffle. Les Autrichiens jouaient si bien que parfois ils oubliaient de marquer.

Il jouait si bien que les autres ne pouvaient pas le comprendre.

Hiden, le goal autrichien.

PresseSports/Popperfoto

Sindelar, le fameux avant-centre, s'entraînant à Highbury avant le match contre l'Angleterre au Stamford Bridge.

PresseSports/Popperfoto

PresseSports/Popperfoto

3 octobre 1932. Les attaquants autrichiens Schall et Sindelar encadrent Hiden.

Le goal Albert Camus

Loin des célébrités qui vont dans les loges du Stade de France pour boire du champagne devant le match diffusé par la télé d'un salon privé au lieu de regarder ce qui se passe sur la pelouse, Albert Camus était un authentique amateur de football, qu'il pratiqua au poste de gardien de but junior du Racing universitaire d'Alger (RUA), en 1928

Roger-Viollet

À la fin des années 1920, Albert Camus jouait goal au Racing universitaire d'Alger. Toute sa vie, l'auteur de *L'Étranger* demeura passionné par le football qu'il considérait comme un art. Quand il allait à Colombes voir jouer le Racing Club de Paris, le milieu intellectuel, Jean-Paul Sartre en tête, se moquait de celui qui se considérait comme un « écrivain algérien ».

Beaucoup d'écrivains, dont Montherlant et Nabokov, ont joué goal, peut-être parce qu'ils aimaient être le dernier rempart. Camus piétinait d'impatience du dimanche au jeudi, jour d'entraînement, et du jeudi au dimanche, jour de match. S'il n'était pas tombé malade si tôt, il serait devenu le goal de l'équipe première et aurait aimé tenter une carrière pro. Il jouait sur des terrains qui avaient plus de bosses que le tibia d'un avant-centre à la fin d'une rencontre. La pratique du foot lui enseigna qu'un ballon n'arrivait pas toujours du côté prévu. « Cela m'a servi dans la métropole où l'on n'est pas franc du collier. » Quand il arriva à Paris, il devint un habitué de Colombes pour y suivre les matchs du Racing Club de Paris (RCP), où évoluaient ses copains pieds-noirs – le défenseur international Marcel Salva et l'attaquant Roger Couard, qui se souvient du joueur Camus : « Un excellent camarade, souriant, gentil, modeste, passionné de foot et s'y donnant à fond. Il était souvent le meilleur d'entre nous, animé d'un courage indéniable, plongeant dans les jambes de ses adversaires, tête la première. »

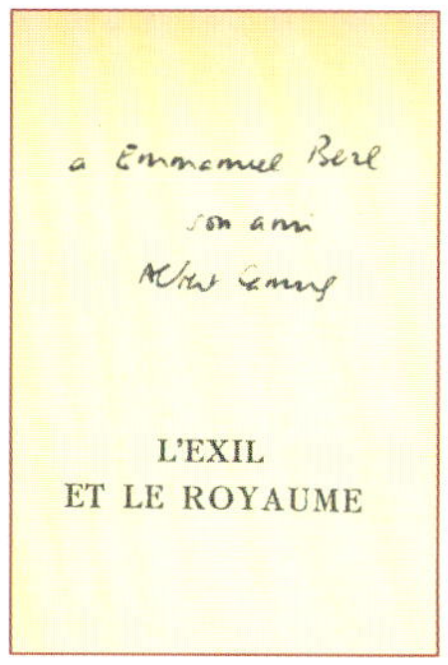

De manière insistante, il fit tout pour que son fils Jean aimât le foot, sans succès : l'enfant préféra les échecs. Après-guerre, Camus choisit de supporter le Racing uniquement parce que le maillot cerclé bleu et blanc était le même que celui de son cher RUA. À *Combat*, il ouvrit largement les colonnes au football, qui n'avait pas moins de place que le cinéma ou les lettres. « Ce que je sais de plus sûr sur la morale et les obligations des hommes, c'est au sport que je le dois, c'est au RUA que je l'ai appris. » L'écrivain voulait garder la belle image de son adolescence pour qu'elle serve aux générations futures. L'intelligentsia se moquait de sa passion pour le ballon. Il était pourtant facile de comprendre que le prix Nobel de littérature était nostalgique de la fraternité des vestiaires d'Alger. Il la retrouva au sein des salles de rédaction, surtout au marbre parmi les typographes, et au milieu des comédiens lors des répétitions de ses pièces. L'ambiance des coulisses est aussi un mélange du corps et de l'esprit : « Avec le théâtre, le stade est le seul endroit au monde où je me sens innocent. » Ce sentiment n'est perceptible que dans les tribunes dites « populaires », derrière le gardien de but, là où le peuple s'entremêle.

La pratique du foot lui enseigna qu'un ballon n'arrivait pas toujours du côté prévu.

Camus aimait tant se retrouver en short avec un ballon qu'il baptisa sa première compagnie de théâtre : L'Équipe. Il ressentait la joie après la fatigue de l'effort et n'avait pas honte de dire qu'il éprouvait l'envie de pleurer les soirs de défaite. L'auteur de *L'Étranger* préférait le foot au rugby, car l'un était l'affaire du peuple quand l'autre fut propulsé par le milieu intellectuel, dont il s'était toujours senti étranger en raison de la suffisance qui en émanait. Il plaçait même le foot à gauche et le rugby à droite. Le footballeur du RUA n'oublia jamais cet avant-centre qui lui tombait fréquemment sur les reins, en lui disant : « Pardon, fils ! » Pour ne pas renier ses débuts, Albert Camus s'englobait sous le générique : « Nous, écrivains algériens… » Le jour de ses funérailles, il fut porté en terre par un groupe de jeunes footballeurs de Lourmarin.

Le stade à l'entrée de Lourmarin rappelle l'amour du ballon rond de son plus célèbre habitant, enterré à deux pas de l'aire de jeu, là où a lieu "l'accord de la terre et du pied".

> 1930

L'apogée du Racing Club de Paris

L'amitié et la passion sont à l'origine de la création du RCP

Le 5 mai 1921, le jeune Jean-Bernard Lévy assista à France-Angleterre parmi les trente mille personnes, au stade Pershing, à deux pas du château de Vincennes. Jamais en France un match n'avait attiré autant de monde. Les Bleus parvinrent à l'emporter 2-1 sous les applaudissements du fils d'industriel qui décida illico de développer la section football du Racing Club de France (RCF) créée par l'Irlandais Robert Burns à la fin du XIXe siècle. Il en avait assez de voir ses parents disputer des parties de bridge. Désormais, il se sentait en parfaite osmose au milieu de ses copains sur une pelouse. « Le ballon, c'est l'affaire de la populace ! » lui dit son père. Ce fut précisément pour cette réalité que Lévy devint un dirigeant de premier plan qui conduisit le RCF en finale de la Coupe de France 1930. Avec le dirigeant du FC Sète, Georges Bayrou, il s'activa pour instaurer le professionnel en France, sur le modèle anglais, dans le but d'en finir avec l'amateurisme marron. Parvenant à ses fins en 1932, il engagea son équipe, rebaptisée Racing Club de Paris, dans le premier championnat français. Devenu promoteur immobilier, le mécène disait à ses joueurs : « Je veux gagner non pas pour gagner mais pour que vous produisiez du beau jeu. » Sous le maillot bleu et blanc, Lévy enrôla l'ailier Émile Veinante, l'inter Edmond Delfour et le défenseur Raoul Diagne, qui devinrent champions de France 1935. Cette date marqua le début de l'hégémonie du RCP au départ entraîné par Jimmy Hogan, l'ancien mentor qui apprit aux Autrichiens le jeu en passes courtes (repris par la Hongrie) baptisé « style danubien ». Le coach anglais appliqua aux Parisiens le WM si cher à son inventeur, Herbert Chapman, l'entraîneur d'Arsenal. De leur complicité naquit la rencontre annuelle RCP-Arsenal, qui eut lieu pendant trente ans. Désormais sous la houlette de George Kimpton, le RCP de Lévy réalisa le doublé en 1936 au terme d'une extraordinaire saison qui s'acheva par la victoire finale en Coupe contre Charleville (1-0) où jouait le gardien Julien Darui et l'arrière Helenio Herrera, auquel on attribue faussement la paternité du catenaccio, « cadenas ». Le Racing était très cosmopolite, avec l'Anglais Fred Kennedy, le Yougoslave Zivkovitc et les Autrichiens Rudi Hiden et Gusti Jordan. L'année 1939 vit de nouveau le RCP régner en Coupe de France, titre qu'il conserva l'année suivante, un mois

« Je veux gagner non pas pour gagner mais pour que vous produisiez du beau jeu. »

Roger-Viollet

Le mythique goal autrichien Rudi Hiden du Racing Club de Paris est l'un des premiers artistes du ballon rond du XXe siècle.

Équipe du Racing Club de France. Debout : Élie Rous (entraîneur intérimaire), Hiden, Roux, Dupuis, Diagne, Jordan et le masseur Hainault. Accroupis : Aston, Perez, Zatelli, Veinante, Heisser et Mathé. France, 1939.

Roger-Viollet

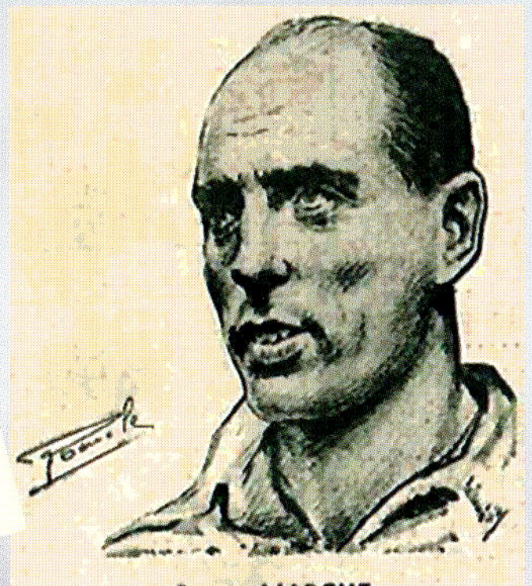

avant l'occupation de Paris. Après-guerre, les Pingouins gagnèrent leurs ultimes trophées nationaux (1945 et 1949) avec une équipe de jeunes dénommée « Tourbillon ». Les spécialistes de la Coupe de France sont alors quasi imbattables ! Le nouveau gardien, René Vignal, fut surnommé le « goal volant ». L'ossature parisienne était composée par des banlieusards de Courbevoie, d'Asnières et de Colombes : Roger Gabet, Henri Tessier, Roger Quenolle, Ernest Vaast et Georges Moreel, appelés « Titis parisiens » par le reste de la France, qui subit leur domination. Au stade de Colombes, des milliers de supporters s'identifient à leurs footballeurs si proches d'eux. Présente dans les tribunes, Louise de Vilmorin s'exclama : « Oh ! Quel beau maillot cerclé ! On dirait des zèbres ! » La chevauchée des attaquants du RCF la changeait des après-midi à refaire le monde avec Malraux. En 1950, ils céderont leur couronne au stade de Reims, s'inclinant 0-2 en finale. Mine de rien, il s'agissait d'une passation de pouvoir. Lorsque le nouveau président du Racing, André Dehaye, faisait renouveler le contrat de Roger Marche, un accord verbal suffisait. On doit à ce dirigeant historique l'invention des matchs en nocturne. En 1936, il dit à Lévy : « Si nous voulons organiser des matchs amicaux avec du public, il faut jouer le soir. » Contre Liverpool, on tendit du fil électrique en travers du Parc des Princes : « On m'a pris pour un fou ! Les Anglais nous ont copiés aussitôt… » Le Racing comptait alors dans ses rangs l'Alsacien Oscar Heisserer, un inter toujours partant pour jouer tous les coups. Sa condition physique irréprochable lui permettait de livrer bataille de la première à la dernière minute. Il fut retenu vingt-cinq fois en sélection nationale. « La guerre m'a volé mes meilleures années », disait-il, sans revendiquer son rôle de héros de la résistance, qui aida de nombreux juifs à passer en Suisse. Le natif de Schirrhein était un Juste.

Voir le Racing Club de Paris loin de l'élite revient à éliminer Manchester United, le Real Madrid ou la Juventus Turin de leurs championnats respectifs. On ne peut que déplorer la perte de vitesse du Racing, qui, à sa grande époque, donnait une belle image de Paris, mélangeant avec bonheur banlieusards et vedettes internationales.

Roger Viollet

Le Racing Club de Paris, en septembre 1953. Debout : Jordan, Lelong, Dubreucq, Jurilly, Vignal, Boulet, Jakowski. Accroupis : Courteaux, Amalfi, Bruey, Cisowski et Curyl.

Le légendaire gardien de but René Vignal à l'entraînement. Les Anglais, sous le charme, le surnommèrent le « goal volant » tant il s'imposait dans les airs, leur grande spécialité.

> 1931 Les Bleus

Trois pionniers oubliés

Raoul Diagne fut un maître du tacle. Le joueur du Racing Club de Paris a été le premier footballeur originaire d'Afrique noire sélectionné en équipe de France. La France Black Blanc Beur est donc née en 1931, avec ensuite l'éclosion internationale du Marocain Larbi ben Barek.

Comme la littérature, la peinture ou le cinéma, le foot a sa propre histoire et ses héros méconnus

Edmond Delfour

Doué pour vivre en communauté, le sociable Edmond Delfour (1907-1990) fut l'un des plus brillants Bleus malgré de nombreuses défaites sous son capitanat. Il s'improvisa préparateur physique sur le *Conte Verde* lors de la traversée vers l'Uruguay, en 1930. « Trois Poumons » – son surnom – galopait des kilomètres en cours de match, qu'il perde ou qu'il gagne. Après quarante et un matchs disputés avec l'équipe de France au cours de l'entre-deux-guerres, il devint co-recordman des sélections, ex-aequo avec Jules Dewaquez. Le capitaine gagna deux Championnats de France avec le FC Rouen (1940 et 1945) et fit le doublé de 1936 sous les couleurs du Racing Club de Paris. Ce fin technicien devint entraîneur pour y diffuser son savoir en Belgique et en France. Au RCP, il partageait le haut de l'affiche avec Rudi Hiden, Gusti Jordan, Émile Veinante et Raoul Diagne.

Raoul Diagne

Le Guyanais Raoul Diagne (1910-2002) est le premier joueur originaire d'Afrique noire sélectionné en équipe de France, dès 1931. Son père, député sénégalais, ne fut pas ravi de ce baptême du feu : « Tu es le déshonneur de la famille. Comment peut-on passer son temps à taper

PresseSports/L'Équipe

Diagne, qui jouera dimanche son premier match international.

PresseSports/Lionel Luget

Les footballeurs pionniers Simonyi, Delfour, Panzani, Cottin et Grisetti lors d'un entraînement pendant la guerre, en août 1942.

Roger-Viollet

dans un ballon ? Ce n'est pas un métier, ça ! » Idole de Joséphine Baker, le rejeton n'écouta que sa passion et devint l'un des meilleurs défenseurs de son temps. Réputé pour sa décontraction, il aimait griller une cigarette dans les vestiaires parfois à la mi-temps. Au RCP, il remporta les Coupes de France 1939 et 1940 et fit le doublé en 1936. Surnommé la « Grande Araignée » en raison de ses longues jambes, il réalisait des tacles glissés à une époque où les joueurs se contentaient de déposséder le ballon lors d'un simple corps-à-corps. Sa manière de se jeter dans les pieds de l'adversaire révolutionna son poste. Il épaulait ses attaquants, quitte à accomplir un bon nombre de kilomètres supplémentaires.

Raoul Diagne.

PresseSports/Excelsior

Larbi ben Barek

Bien avant l'invention de la télé, Larbi ben Barek (1917-1992) fut une icône de l'équipe de France où il remplaça Delfour sur le front de l'attaque, en 1938. Le conflit mondial brisa la carrière du Marocain, qui s'annonçait grandiose. Songeons qu'un intervalle de seize ans sépare sa première et sa dernière sélection chez les Bleus. La « Perle noire » fit les beaux jours de l'Olympique de Marseille, du Stade français et de l'Atletico Madrid. Tout comme Diagne, il joua une vingtaine de fois sous le maillot frappé du coq jusqu'à ses adieux en 1954, contre la RFA, championne du monde en titre. Il demeure l'unique Tricolore à avoir été retenu à plus de quarante ans. Personne n'a eu une période internationale comme la sienne, courant sur quinze ans et dix mois. L'attaquant vedette lançait en profondeur ses partenaires avec beaucoup de précision. Les témoins de ses exploits s'accordent à dire qu'il était à la fois efficace et spectaculaire, alliant l'art du dribble à l'élégance. Le superbe athlète possédait une détente de chat qui lui permettait d'avoir un jeu de tête hors norme. D'innombrables joueurs issus de l'immigration ont suivi l'exemple de ces deux glorieux aînés : Abdelazziz ben Tifour, Kader Firoud, Daniel Charles-Alfred, Rachid Mekhloufi, Thadée Cisowsky…

Roger-Viollet

Larbi ben Barek, sous le maillot du Stade français, en 1946. Idole de l'OM avant de jouer en Espagne, le Tricolore fut l'ambassadeur du football de rêve, à la fois inventif et solide. Recevant d'innombrables coups, il avait aboli la violence de son jeu, ne ripostant jamais. Ben Barek fut un seigneur du ballon rond.

Ni Blancs, ni Noirs

De l'éducation paternelle par le foot, je retenais que dans le sport il n'y a ni Blancs ni Noirs. Seul le talent compte. Et à la place de la droite et de la gauche, on a des droitiers et des gauchers. Je n'ai jamais vu jouer Ben Barek, mais je me suis assez documenté pour savoir qu'il fut l'un des plus fameux footballeurs que la terre ait jamais porté. La fluidité de ses gestes le transforma en jazzman. Sa gentillesse augmenta son aura naturelle. Sans lui, le foot n'aurait pas son prestige actuel. Pour bien faire, il faudrait lui décerner un Ballon d'or à titre posthume. En 1962, mon père acheta un baby-foot, mais il peignit en noir, ici et là, onze des vingt-deux joueurs avant de me l'offrir.

PresseSports/Excelsior

Allemagne-France (4-0), 21 mars 1937, Edmond Delfour.

> 1932 Inventeurs

Les grands noms de la presse

Voir à l'intérieur : *LES MATCHES DE FOOTBALL NORD-NORMANDIE, OLYMPIQUE DE MARSEILLE-STADE FRANÇAIS, ARMÉE BELGE-ARMÉE FRANÇAISE ; LES RENCONTRES DE RUGBY LEICESTER-RACING, STADE-MIDLANDS ET LES POULES DE TROIS ; BOROTRA, VAINQUEUR DE COCHET, etc., etc.*

NOUVELLE SÉRIE. N° 193. Le Numéro : 50 Centimes. Jeudi 13 Mars 1924.

LE MIROIR DES SPORTS

PUBLICATION HEBDOMADAIRE ILLUSTRÉE, 18, RUE D'ENGHIEN, PARIS

LE FOOTBALLEUR NORDISTE DUBLY VA MARQUER UN BUT CONTRE LA NORMANDIE A ROUEN

Le match de sélection Nord-Normandie, au stade des Lilas, a été gagné devant 4.000 spectateurs par les joueurs septentrionaux, 3 buts à 1. On voit ici l'international roubaisien Raymond Dubly sur le point d'envoyer le ballon vers le centre, malgré l'opposition du demi-centre normand Hérubel. Les nordistes ont eu raison de leurs adversaires après une partie jouée avec ardeur par les vainqueurs.

PresseSports/Lionel Laget

Debout : Paul Voyeux, Gaston Barreau, Lucien Gamblin, Gabriel Hanot, Jean Ducret, Charles Montagne, André Poullain. Accroupis : Eugène Maes, Félix Romano, Raymond Dubly.

Gabriel Hanot (1889-1968)

Joueur, international, entraîneur, sélectionneur, éducateur, initiateur, journaliste, inventeur, polyglotte… Né à Arras, il rejoint l'équipe de France le 8 mars 1908, à Genève, afin d'y battre la Suisse (1-2), devant quatre mille personnes. Polyvalent, le gaucher jouait aussi bien ailier que défenseur. Jusqu'au début de la Première Guerre mondiale, il fut sélectionné à onze reprises en équipe nationale. Convoqué une dernière fois en 1919, il met fin à sa carrière suite à un accident d'avion et se tourne vers le journalisme, avide d'y développer le football et d'y imposer le professionnalisme. Rédacteur en chef du *Miroir des sports*, il fait autorité grâce à ses analyses des matchs dont il souligne l'esthétisme. À l'écart des constats d'huissier, sa plume va de *L'Auto* à *L'Équipe*. Par ailleurs, il épanouit sa fibre de dirigeant : au début des années 1920, puis après la fin de la Seconde Guerre, il occupe le poste de sélectionneur des Bleus. Ne se faisant aucun cadeau, il demande sa propre démission au terme du pénible France-Espagne (1-5) dans les colonnes du quotidien sportif de la rue Montmartre, le surlendemain du match, le 22 juin 1949. Ce fut l'unique fois où la sélection fut confiée à un journaliste, ex-Bleu. Pas rassasié pour autant, il élabore des stages pour entraîneurs en vue d'en faire une profession à part entière, développe la commission technique fédérale et crée la Coupe d'Europe des clubs, qu'il met en place lors de la saison 1955-1956. Sa biographie atteste qu'il a servi le football au lieu de s'en servir.

Jacques de Ryswick (1904-1996)

Responsable de la rubrique foot de *L'Équipe* où il chapeaute Gabriel Hanot, l'ancien étudiant de lettres souscrit à l'idée d'organiser une Coupe d'Europe, songeant aussitôt à une possible Coupe du monde des clubs. Après-guerre, Jacques Goddet, le fondateur du quotidien, fit appel à lui pour mettre en place un réseau de journalistes parce que Ryswick signait dans *L'Auto*, l'ancien journal de son père, Victor Goddet, depuis 1930. L'heureux élu constitue sa rédaction comme on compose une équipe de foot, avec la pertinence de Maurice Pefferkorn, la fougue de Max Urbini, le brio d'Hanot, le recul de Jean Cornu, la disponibilité de Jacques Ferran, qui écrivit l'ébauche du règlement de la Coupe

PresseSports/L'Équipe

PresseSports/L'Équipe

PresseSports/L'Équipe

Tournée de l'équipe de France aux Balkans. De gauche à droite : M. Pefferkorn, Mme Pefferkorn, Scharwath, Houivet, Rodriguez Liberati, Chardar, Kaucsar, J. Laurent, Alcazar, Korb, M. Maillet, Sécember, Panosetti, Rolhion, M. Delanghe, M. Gambardella, Mme Rimet, Rimet (Jules), Mairesse, Mlle Rimet, un délégué yougoslave, M. G. Levy, Chaisaz, Delannoy, un délégué yougoslave, Tassin.

d'Europe, l'expérience de René Cotteaux, la *vista* de Jean-Philippe Rethacker, l'esprit de Victor Denis, le tout-terrain Fernand Albaret… Le mot d'ordre, c'était : « Ne restez pas devant votre téléphone. Sortez ! Allez voir les entraînements, devenez proches des joueurs et des dirigeants. Partez les attendre à la gare. Ramenez des informations, des propos recueillis pour nourrir vos papiers d'avant-match. Le match en lui-même, c'est l'actualité. On a besoin d'une partie magazine, sinon le lecteur se lasse et vous avec lui… » En 1950, il est le seul journaliste à se déplacer au Brésil pour assister à la Coupe du monde. Ses articles ont valeur d'images. Son reportage sur la finale fait davantage la part à la défaite du Brésil qu'à la victoire de l'Uruguay. Il restitue la dramaturgie du match par le don de rendre vivant ce qu'il a vu. Le poids des mots sans le choc des photos.

Maurice Pefferkorn

(mort en 1953)

« L'héroïsme n'est pas une vertu à répétition », a écrit le journaliste qui imposa le football dans les journaux à une époque où il n'intéressait que les initiés. Ses chroniques démontrent que les footballeurs ont le droit de rater un contrôle, une passe ou un tir. Pefferkorn situe le début de l'intérêt du public pour le ballon rond le 5 mai 1921 : ce jour-là, la France battit pour la première fois l'Angleterre (2-1) au stade Pershing devant trente mille personnes. Treize ans auparavant, les Anglais avaient ridiculisé les Français (12-0) à Ipswich. Il fut l'un des rares Français à se rendre en Italie pour suivre la Coupe du monde 1934. Son livre *Football joie du monde* ouvrit la voie à la littérature sportive, jusqu'ici bien pâle, n'étaient les contributions de l'écrivain résistant Jean Prévost, de Henry de Montherlant, de Charles Maurras et de Jean Giraudoux.

PresseSports/Excelsior

Georges Briquet

(1898-1968)

Il débute au Poste parisien, en 1931, imitant Edmond Dehorter qui suivit un combat de boxe de Georges Carpentier, au bord du ring de Buffalo – si cher à Tristan Bernard. Vingt ans plus tard, une vingtaine de radioreporters suivent la Coupe du monde, où participent treize nations. Georges Briquet fait vibrer ses auditeurs quand parfois tout est calme sur le terrain… Il y a du Lucien Guitry chez ce reporter, à la différence de ses confrères de Radio Paris et de Radio-Cité. Installé derrière la ligne de touche, « Papy » Briquet contribue à ce que le football-association, soudain prisé par la bourgeoisie et les curés, détrône le football-rugby, soutenu pourtant par le pouvoir sportif, les élites et les enseignants. L'ancien déporté à Dachau créa l'émission *Sport et Musique* pour y commenter les principaux événements sportifs du dimanche après-midi et *Le Café des Sports*, récapitulant ceux de la journée en quinze minutes. Son inégalable volubilité était sa signature.

> 1933 Lille

Les **Dogues** au sommet

Premier champion de France de l'ère professionnelle, Lille est une place forte du football français depuis des lustres

Jean Vincent, André Strappe et leur entraîneur André Cheuva, lors de leur victoire en Coupe de France contre Nancy, le 31 mai 1953. Le LOSC est une référence du football français.

Lors de la saison inaugurale de 1932-1933, le club se reconnaissait dans Jules Vandooren, arrière droit typique des années où la fonction réclamait des hommes solides qui dégageaient loin devant. Le Nordiste était si rapide que les attaquants comptaient sur une maladresse de sa part pour le déborder. Le bastion lillois fut mis en place par Henri Jooris. Le représentant du Nord dans les instances du ballon rond a rempli parfaitement sa mission d'animateur au même titre que Georges Bayrou, Henri Delaunay, Gaston Barreau et Emmanuel Gambardella, figure emblématique du FC Sète. Grâce à eux, le foot prit un essor considérable au point de recenser deux cent cinquante mille licenciés en 1939.

Les plus belles pages du Lille Olympique Sportif Club (LOSC) ont été écrites après-guerre, avec le défenseur Marceau Sommerlynck, dont le palmarès venge l'anonymat dans lequel l'ont laissé les sélectionneurs successifs. Ce défenseur, aussi à l'aise devant son gardien qu'un cran plus haut, remporta cinq Coupes de France avec

1955, après la finale de Coupe de France Bordeaux-Lille, Marceau Sommerlynck.

Lille ! Unique exploit dans les annales. Dominique Bathenay et Alain Roche en ont gagné autant, mais sous deux maillots différents… Sommerlynck a de surcroît réalisé le doublé en 1946 et gagné le titre de champion de France 1954. Travailleur inlassable au profit du collectif, il accomplissait des tâches ingrates sans lesquelles ses partenaires de l'attaque n'auraient jamais pu s'exprimer : il ratissait un nombre incalculable de ballons qu'il savait relancer vers un copain démarqué. De 1944 à 1957, il disputa trois cent cinquante-neuf matchs avec le LOSC. Les deux finales de Coupe qu'il ne disputa pas furent perdues par Lille, les deux fois contre le Racing Club de France. D'où son inaltérable statut de porte-bonheur. Il eut pour coéquipier deux attaquants de grand calibre : Jean Baratte et André Strappe. Surnommé « Capitaine courageux », Baratte fut aussi la fierté de sa ville. Le jeune inter droit ne lâchait rien en quatre-vingt-dix minutes. Lancé en profondeur ou héritant d'un bon ballon, il frappait le cuir sans se poser de questions : il y avait une « Baratte attitude » dans la fin des années 1940. Tous les Français l'adoraient, dans le nord comme dans le Midi. L'avant-centre international envoya cent vingt-deux fois le ballon au fond des filets en deux cent deux matchs. Lors de la demi-finale de la Coupe 1952, les Lillois se présentèrent sans gardien suite à une querelle autour des primes… À quelques minutes du coup d'envoi contre Bordeaux, Baratte enfila la tunique de gardien de but, le fameux chandail en laine. L'attaquant et capitaine fut loin d'être ridicule, ne s'inclinant que deux fois (2-1). Le Nordiste pur jus était coriace, archétype de l'habitant des corons. De cinq ans son cadet, André Strappe fut également un « Ch'timi » de haut parage. Tous deux jouèrent sur le front de l'attaque lilloise des belles années de la paix revenue. Les Dogues avaient pour guide André Cheuva, qui les conduisit quatre fois sur la plus haute marche de la Coupe de France, en 1947, 1948, 1953 et 1955. Aucun entraîneur n'a fait mieux. International au début des années 1930, il refusa de disputer la Coupe du monde en Uruguay. Il avait pourtant reçu le feu vert de son patron fourreur, qui lui accorda cinq semaines de congés. Le milieu de terrain, à l'occasion buteur, se plia aux exigences de sa dulcinée, prête à le quitter s'il « partait taper dans le ballon en Uruguay »

Jean Baratte.

Équipe de Lille. Debout : Ruminski, Pazur, Van Gool, Clauws, Bieganski, Lemaître, André Cheuva (entraîneur), Sommerlynck. Accroupis : Bourbotte, Douis, Vincent, Strappe, Lefebvre, Lenglet.

29 mars 1953. Quarts de finale Lille-Nice (4-2). André Strappe et Antoine Bonifaci.

PresseSports/L'Équipe

PresseSports/L'Équipe

L'écrivain comprend l'importance du foot qu'il traite dans le grand hebdomadaire politico-littéraire *Marianne*, dirigé par Emmanuel Berl pour lutter contre la presse antisémite. Champion universitaire de boxe, l'envoyé spécial va là où est l'événement. Le 5 mai 1935, il assiste à la finale de la Coupe de France. Sans céder au culte de la personnalité, il est séduit par Laurent Di Lorto, vingt-six ans, quand celui-ci n'était pas encore le goal de l'équipe de France. Voici le compte rendu, paru trois jours plus tard

Jean Prévost, futur héros

Olympique de Marseille-Stade rennais (3-0). Stade Yves-du-Manoir, Colombes. Recette : 491 425 francs pour 40 008 spectateurs. Arbitre, M. Leclercq. Buts : Roviglione, Kohut, J. Laurent (c.s.c.).
OM : Di Lorto, Max Conchy, Henri Conchy, Charbit, Bruhin, Durand, Zermani, Alcazar, Roviglione, Eisenhoffer, Kohut.
Rennes : Collet, Rose, Pleyer, J. Laurent, Volante, Gardet, Rouxel, Boccon, Bernasconi, Chauvel, Cahours.

« Il y avait dimanche à Colombes tout ce qu'il faut pour faire un grand match : un temps frais qui venait de tourner au beau, une foule amicale animée, et pour laquelle le grand stade était trop petit. Il y avait une grande entente et de gros commentaires sur la tactique. On disait, naturellement, que Marseille allait prendre un foudroyant départ. Ils devaient marquer dans les cinq premières minutes. Les gens de Rennes, eux, avaient officiellement annoncé dans la presse qu'ils comptaient se réserver d'abord, user leur adversaire par un jeu défensif – vieille tactique de la Marne et aussi classiquement française, aujourd'hui, que notre vieille furia. Après, on verrait. Par malheur pour eux, les joueurs de Rennes essayèrent de faire comme ils l'avaient dit. Ils se défendirent donc, tout d'abord : ils se repliaient, marquaient avec soin leurs adversaires, se déplaçaient beaucoup, mais sans grande confiance dans leurs propres attaques. […] Les Marseillais partirent beaucoup plus sagement que leurs adversaires n'y comptaient. Plus habiles sur la balle, beaucoup plus en accord, le coup d'œil plus juste et plus prompt, ils se déplaçaient plutôt moins, faisaient trotter

Alignés comme des étudiants de l'École Normale, voici réunie l'équipe de France qui disputera la Coupe du monde 1938. Debout : François Bourbotte, Ignace Kowalszyk, Jean Bastien, Laurent Di Lorto, Edmond Delfour, Étienne Mattler, René Brusseaux, Raoul Diagne, Mario Zatelli, et M. Victor Mestre. Accroupis : René Llense, Alfred Aston, Oscar Heisserer, Abdelkader ben Bouali, Maurice Cottenet, Jean Nicolas, Hector Cazenave, Émile Veinante et Julien Darui. Jean Prévost était aussi attentif à leurs exploits qu'aux derniers écrits de ses contemporains.

PresseSports/Excelsior

de la Résistance

3e Année – N° 133

16 pages – 75 centimes

MARIANNE

GRAND HEBDOMADAIRE LITTÉRAIRE ILLUSTRÉ

Directeur : Emmanuel BERL

"Minorités agissant[es] et fascisme de prében[des]

DANS CE NUMÉRO :

Au royaume des ondes grand reportage par Robert Salomon

La coupe de France de football par Jean Prévost

Des nouvelles inédites de Constance Colline et de Fernand Fleuret

Staline

8 — MARIANNE — 8 Mai 1935

LES PLAISIRS ET LES JOURS

Propos du Huron

[L]a sportive de l'éloquence

de La FOUCHARDIÈRE

LA VIE DES SPORTS

Coupe de France

Jean Prévost.

Cuisses et cylindres

Le Sel sur la Pla[ce]

Une soir[ée] parisien[ne]

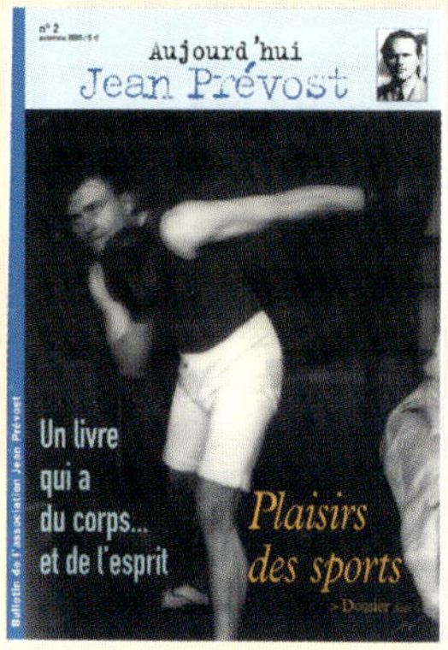

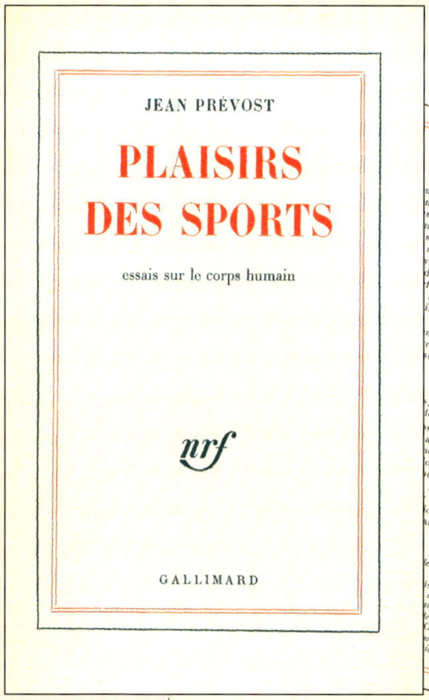

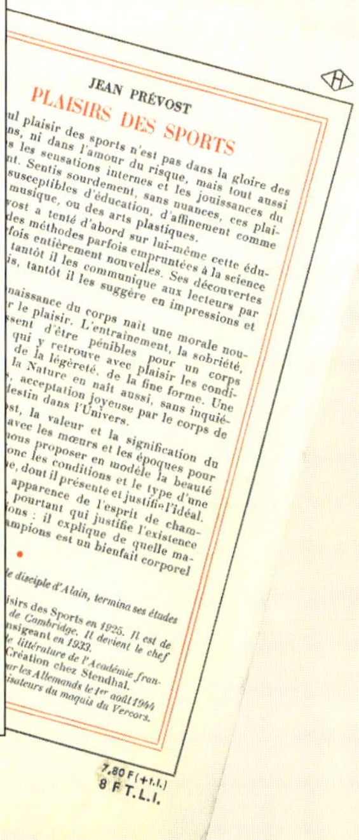

leurs marqueurs, et gardaient leur supériorité de vitesse. Le jeu resta d'abord égal : vingt minutes environ, comme oscillent les plateaux d'une balance, […] Rennes menaçait par la droite, mais faute de cohésion d'aile gauche, ces attaques molles et hasardeuses ne mordaient pas. […] Puis, un beau travail, un coup de botte imparable, et Roviglione marqua le premier but. Quelle joie ! Tous ses camarades l'embrassaient, comme du bon pain ; ils revenaient au centre, pour la remise en jeu, en dansant la gigue. Ils avaient bien raison : les Rennais déjà plus que las jouaient de plus en plus le repli ; ils se gênaient les uns les autres. Un éclair de génie ou d'ardeur, une belle suite de passes les auraient peut-être sauvés. La tactique amena, une deuxième fois, le ballon dans les filets. Les amis de Rennes se mirent à encourager leur camp d'une voix désespérée. Leur équipe eut un sursaut, l'arbitre montrait, en toute bonne foi sans doute, quelque partialité en leur faveur. […] Il est de coutume de dire que les vaincus méritaient un peu mieux : c'est inexact. Ils ne méritaient que ce qu'ils avaient. Une troisième fois, Marseille se trouva devant les buts de Rennes. Il y eut des passes de ballon manquées, un cafouillis piteux : une balle quelconque partit et le plus malheureux Rennais de la terre parut l'aider à entrer dans ses propres buts. […] Quand la mi-temps siffla, les Rennais descendirent l'escalier du vestiaire, tête basse, avec l'allure de laboureurs à un enterrement. Ensuite, ils devaient s'employer à sauver l'honneur. Ils mirent vraiment à l'ouvrage le gardien de but marseillais. Celui-ci ne parut pas s'en plaindre : c'était un gaillard décidé, fin, rapide. Il para tout – une fois avec le ventre et non sans déplaisir. Et bientôt, il apparut que si l'honneur de Rennes était perdu, il ne serait pas retrouvé. Marseille se mit à jouer d'une façon moins efficace mais plus jolie. […] Du billard. Un joli moment de football au ralenti. Les gens sûrs du résultat quittaient le stade et l'on voyait se former au bout des populaires un prodigieux nuage de poussière ensoleillée. […] Bras dessus bras dessous, les Marseillais se congratulaient et s'embrassaient à leur aise. Avaient-ils adopté leur tactique justement pour dérouter l'adversaire ? J'espère pour eux que non. La tactique qu'on n'invente pas sur le terrain, en football, comme ailleurs, n'est que stupidité. »

La Coupe du monde

ImageForum

Malgré les nuages noirs qui assombrissent l'Europe, la troisième Coupe du monde se déroule en France, berceau de la suprême compétition

Il peut paraître bizarre de jouer au football à une époque si tendue, mais la vie ne s'arrête jamais, à l'image du ballon qui roule dès qu'on le touche. La FIFA, sous la houlette de son président Jules Rimet et de son fidèle adjoint Henri Delaunay, organise les festivités comme si Hitler n'avait pas réduit à néant l'Autriche, quatrième de l'édition de 1934, derrière l'Allemagne… Personne ne se doute que le prochain rendez-vous du genre aura lieu en 1950. Entre-temps, les nations s'entretueront. Après les JO nazis de 1936, la France accueille les footballeurs, qui feront ce qu'ils savent faire le mieux. Abordables par le public, ils avaient des salaires entre 120 et 600 euros. Les Tricolores, sélectionnés par Gaston Barreau (toujours accompagné de l'« administratif » Victor Mestre), firent un stage dans la forêt de Chantilly, où les parties de pêche étaient plus d'actualité que les séances de musculation. Loin d'une ambiance commando, les Bleus sortaient le soir sans demander la permission à personne. Ils faisaient diversion, ayant hâte d'en découdre au stade de Colombes où soixante mille personnes pouvaient venir sur les lieux des JO de 1924. En quarts de finale, les Français s'effondrent face aux Italiens (1-3), au grand dam du capitaine Mattler et de Delfour qui font figure de

Le comédien Harry Baur assista à la Coupe du monde 1938, à Colombes. L'immense vedette fit plaisir aux footballeurs français, fiers de sa présence. « À chacun son tour de jouer ! » leur disait-il.

L'équipe du Brésil au moment de la présentation du match contre la Pologne (6-5), le 5 juin 1938, à Strasbourg. Leonidas, troisième à gauche, réalisa un triplé au cours de la rencontre, tout comme le Polonais Ernest Willimowski.

ImageForum

héros, vu leur participation commune aux trois premières Coupes du monde. L'agile portier provençal Laurent Di Lorto n'a pas pu contenir les assauts des Transalpins alors qu'il obtenait un mémorable 0-0 devant quasiment la même équipe six mois plus tôt au Parc des Princes.

La foule quitta les gradins, abattue de voir la France laisser filer « sa » Coupe du monde alors que l'Uruguay et l'Italie avaient, elles, organisé et gagné l'épreuve auparavant, à tour de rôle. L'équipe du Reich ne dépassa pas les huitièmes de finale, vaincue par d'alertes Suisses. Les automates germaniques firent le salut fasciste, au début et à la fin du match perdu (2-4). Deux anciens du Wunderteam autrichien (Raftl et Hahnemann) ont eux aussi levé le bras, à contre-cœur : moins de trois mois plus tôt avait eu lieu l'*Anschluss* qui rattacha leur pays au Reich. Lucien Gamblin, l'ex-Bleu reconverti journaliste avec brio, écrivit la bonne parole : « L'Allemagne n'avait aucune chance sans faire un plus large appel aux footballeurs de l'ex-Autriche. »

Les parties de pêche étaient plus d'actualité que les séances de musculation.

Débarqués du train avec chacun une petite valise, les Brésiliens, chapeau sur la tête, ressemblaient au jeune Ray Charles en tournée à ses débuts. Sur le quai, ils jonglèrent avec un ballon lancé par un enfant. Leonidas da Silva devint le meilleur buteur du tournoi, avec huit buts. Pour être en osmose avec le ballon et les éléments naturels, il tenta de jouer pieds nus avant d'être réprimandé par l'arbitre.

Le 18 juin 1938, les Italiens conservent leur titre mondial en dominant la Hongrie (4-2) avec le patron Giuseppe Meazza à la pointe de l'attaque. Benito Mussolini s'appropria le titre mondial de l'Italie pour fanfaronner. La veille, il avait fait passer le message : « Vaincre ou mourir. » Quand Meazza reçut la coupe des mains d'Albert Lebrun, le joueur fit le salut fasciste, publicité vivante du Duce. Cela ne choqua personne. L'acteur Albert Préjean et le boxeur Georges Carpentier n'en perdaient pas une miette. Un peu plus loin, le comédien Harry Baur préférait fermer les yeux devant le président de la République française tout sourires. Il a fallu attendre soixante ans pour que la France soit à nouveau désignée pays organisateur avec l'heureux dénouement que l'on sait.

En 1938, dix-huit villes accueillirent cent quatre-vingt mille spectateurs sans compter le Parc des Princes et le stade Yves-du-Manoir de Colombes, plein à craquer les jours de match. Cette Coupe du monde était surtout européenne, si l'on excepte les représentants du Brésil, de Cuba et des Indes néerlandaises. Pour la première fois, la présence d'une poignée de journalistes quitte le bord de la ligne de touche pour rejoindre un coin presse dans les tribunes. La Suède avait envoyé vingt-quatre reporters. Bien leur en prit : les Suédois finirent quatrième du tournoi. Ce rendez-vous mondial n'eut pas l'impact des JO 1936, qui servirent de propagande au nazisme. Les Coupes du monde 1934 et 1938 ne générèrent aucune nostalgie. Elles ont été gangrenées par la peste brune inoculée par des tyrans qui voulaient jongler avec le monde comme le dictateur incarné par Charlie Chaplin. Ce ballon trop lourd retombera sur eux.

PresseSports/Excelsior

En gare de Strasbourg, Leonidas jongle.

ImageForum

L'équipe de Hongrie, à l'entraînement dans la forêt du Vésinet, le 14 juin 1938, deux jours avant de rencontrer la Suède, en demi-finales de la Coupe du monde disputée en France.

PresseSports/Excelsior

Ouverture en France de la 3e Coupe du monde (15 pays) avec Allemagne-Suisse (1-1). L'équipe allemande a intégré plusieurs joueurs du Wunderteam et fait le salut nazi pendant la présentation des équipes. Quatre jours plus tard, en match à rejouer, la Suisse s'imposera (4-2).

Des supporters de l'équipe d'Allemagne.

PresseSports/Excelsior

L'entrée des joueurs lors de France-Italie (1-3), le 12 juin 1938, en quarts de finale de la Coupe du monde, à Colombes.

Keystone-France

PresseSports/Popperfoto

Finale de la Coupe du monde 1938. Titkos marque le premier but pour la Hongrie face à l'Italie (2-4).

Affiche de la Coupe du monde 1938.

Rue des Archives-Paris France

PresseSports/Excelsior

L'Italie, double championne du monde 1934 et 1938, après sa victoire 4-2 contre la Hongrie en finale du Mondial, le 19 juin 1938, à Colombes. L'entraîneur historique, Vittorio Pozzo, brandit la coupe Jules Rimet au milieu de ses joueurs dont les victoires furent récupérées par Mussolini. Debout : Amadeo Biavati, Silvio Piola, Giovanni Ferrari et Gino Colaussi. Accroupis : Ugo Locatelli, Giuseppe Meazza, Alfredo Foni, Pietro Serantoni, Aldo Olivieri, Pietro Rava et Michele Andreolo.

Keystone-France

Raymond Kopa débuta à Nœux-les-Mines, avant de briller à Reims et au Real Madrid. Il conjuguait à la fois l'élégance, l'intelligence, l'autorité et le fair play, en un mot, la grande classe.

Les années Kopa

Le 8 mai 1949, Raymond Kopaszewski finit deuxième du Concours du jeune footballeur, à Colombes, en lever de rideau de la finale de la Coupe de France

Le fils d'immigrés polonais quitte ensuite Nœux-les-Mines pour démarrer sa carrière pro à dix-huit ans. L'étoile de la ligue du Nord ne redescendra plus dans la mine où il perdit un doigt en poussant un wagonnet de charbon. Après sa période de formation avec Constant Tison, il bénéficie des conseils d'Albert Batteux. Ce que l'on appelle « le jeu à la rémoise » n'est ni plus ni moins qu'un mélange du Wunderteam de Sindelar et de l'école hongroise de Puskas. Kopa devient le pivot du onze rémois, nouvel ogre du championnat, avec quatre titres (1953, 1955, 1960, 1962). Ses partenaires sont tous doués: Dominique Colonna, Bruno Rodzik, Robert Jonquet, Jean Wendling, Lucien Muller, Armand Penverne, Roger Piantoni, Jean Vincent, Just Fontaine… Très bon dribbleur et passeur, l'attaquant se tient derrière la ligne des avants pour les alimenter. Plus il décroche, plus il augmente sa vision du jeu. Après avoir perdu la première finale de la Coupe d'Europe des champions le 13 juin 1956, contre les Madrilènes (3-4), il signe au Real Madrid afin de remporter le trophée des trophées. Celle de 1957 est conquise contre la Fiorentina (2-0), à Madrid, devant cent cinquante mille supporters présents dans la cathédrale du foot. Le 3 juin 1959, Kopa affronte en finale ses anciens partenaires du stade de Reims, à Stuttgart. Alfredo Di Stefano y crucifie les Rémois après le repos. Albert Batteux avait mis à l'aise ses joueurs: « Inutile de marquer Di Stefano. C'est peine perdue. Charger un tel artiste tient de la folie. Il est trop vif et malin. Contentez-vous de surveiller les autres. » Jean Vincent laissa donc tranquille Alfredo mais sortit la serpette pour son pote Kopa… À la fin du match, Vincent vint faire ses excuses à son ami, qui ne les accepta pas: distension de ligaments internes du genou! Dans le feu de l'action, Jean fit payer à Raymond la liberté qu'il laissa à Di Stefano. Durant ses trois saisons sous le maillot madrilène, Kopa ne perdit qu'un seul match contre l'Atletico Madrid, lors du derby. Sa renommée devient mondiale lors de la Coupe du monde de 1958 où la France brille

PresseSports/L'Équipe

Raymond Kopa à l'entraînement le 11 décembre 1959.

Racing-Reims en finale de la Coupe de France 1950.

Keystone-France

ImageForum

L'attaquant Just Fontaine tente de contrôler un ballon lors de France-Hongrie, en novembre 1957. Avec 13 buts marqués au cours de la Coupe du monde 1958, il occupe la première place des buteurs sur une seule édition du Mondial. Il aime à dire qu'un revenant soudain ressuscité dans deux cents ans demanderait d'emblée: « Le record de Fontaine a-t-il été battu? »

jusqu'à la demi-finale perdue face au Brésil (2-5). Sans la double fracture du péroné de Jonquet – sur un tacle « meurtrier » de Vava – les Bleus auraient pu venir à bout des magiciens conduits par Zito, Didi, Vava et le jeune Pelé. Ces quatre noms ressemblent à des notes de musique. Ce football-samba offre enfin la première couronne aux Brésiliens. Le parcours des Tricolores fit grand bruit. Fontaine marqua treize buts : « J'ai pu m'exprimer car aucun entraîneur adverse ne me connaissait. » Outre Jonquet, les Bleus reçurent beaucoup de coups des « poètes » de la Seleçao. Suite à la blessure du capitaine des Tricolores, le remplacement d'un joueur blessé sera désormais possible en compétition officielle. Le Brésil mit tous ses atouts dans son jeu pour ne pas revivre la désillusion de 1950. En Suède, ce fut le début de l'ère médiatique : Europe 1 invita les épouses des Tricolores à venir rejoindre leur mari. Cinq millions de Français virent France-Brésil à la télévision. Les autres restèrent scotchés à la vitrine des magasins de télévisions, au coin des rues de l'Hexagone. Les photographes firent poser les Tricolores sur le quai de gare de Göteborg puis devant un vieux canon symbolisant la force de frappe des canonniers. Roger Piantoni, Just Fontaine, Jean Vincent portaient des sandales, et Maryan Wisniewski des mocassins. Seul Kopa portait des baskets dont on ne voyait pas la marque. Sur leur survêtement, ils n'affichaient que le coq. Un système postal adéquat leur permit de recevoir des sacs de lettres et de cartes postales. On les aimait d'une affection réservée d'habitude aux acteurs. Lauréat du Ballon d'or 1958, Kopa fut surnommé le « Napoléon du football ». Les crochets courts du stratège faisaient oublier son faible jeu de tête. Une mésentente avec le sélectionneur Georges Verriest précipita sa retraite internationale après quarante-cinq sélections et dix-huit buts. Kopa s'en alla par la petite porte, sur une défaite contre la Hongrie (2-3), le 11 novembre 1962. Verriest traita de « planeur » Kopa alors qu'il savait que le joueur était brisé par la leucémie de son petit garçon Denis. La maladie emporta trois mois plus tard l'enfant, condamnant ses parents au chagrin à perpétuité. Kopa rassembla tout son courage et au nom de l'intégrité de sa profession s'opposa au milieu du football, qui traitait les pros en « véritables esclaves », à cause de la pratique qui oblige un footballeur à rester lié à son club jusqu'à ses trente-cinq ans. Une commission juridique du groupement le condamna à six mois de suspension avec sursis. Voilà comment on remercia celui dont le seul tort fut de s'opposer aux dirigeants maquignons. À l'origine du syndicat de joueurs, il fait entendre la voix de la raison. Après son exclusion, il reçut la Légion d'honneur au début de la présidence Georges Pompidou. Question business, Kopa transforma son nom en marque auprès d'investisseurs. Les traits fins. Le regard franc. La voix fusante. Une infinie mélancolie dans les yeux le rendait attachant.

Sa renommée devient mondiale lors de la Coupe du monde de 1958.

ImageForum

Le 3 décembre 1957, Raymond Kopa et Roger Marche ont livré une rude bataille durant le duel au sommet du championnat, Reims-Racing club de Paris, (4-1), le classique de la D1 de l'époque.

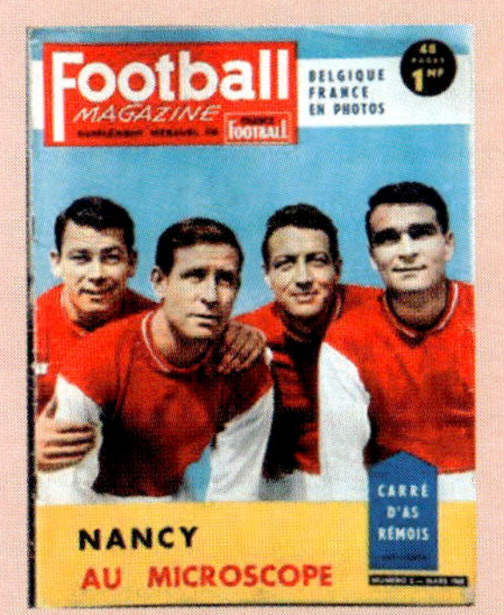

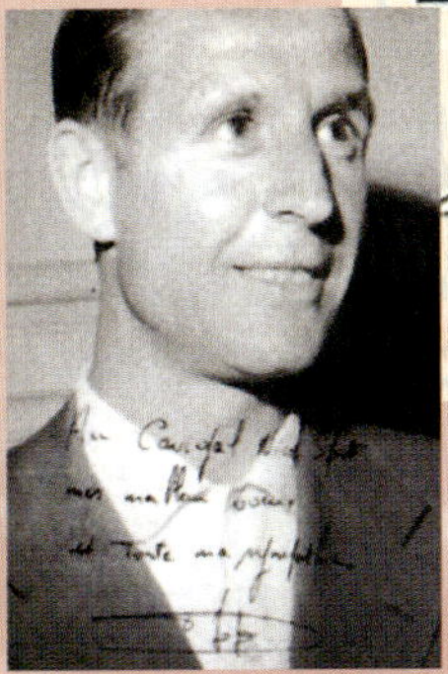

> 1950 Maracanã

Le plus grand stade du monde

Sa première pierre a été posée en 1948. Beaucoup trop tard pour que le Maracanã soit terminé lors du match d'ouverture de la première Coupe du monde d'après-guerre. Brésil-Mexique (4-0) se déroule dans un stade en chantier garni par deux cent mille personnes

Le mot « maracanã » provient de la langue tupi des Indiens, qui donnèrent ce nom aux perroquets dont le cri rappelle le son des maracas. Quarante mille camions sont entrés au centre de la future pelouse pendant les travaux qui mobilisèrent onze mille ouvriers. Près de la moitié travaillait sur place chaque jour. Pour construire les trois anneaux, il a fallu dix tonnes de fer, cinq cent mille sacs de ciment et déblayer 39 572 000 m³ de terre. Le premier but inscrit dans le temple du football fut signé par Didi, avant le début du Mondial de 1950. Tout le pays espérait une victoire de la Seleçao, qui parvint en finale contre l'Uruguay. Ce ne devait être qu'une formalité vu les victoires probantes du Brésil face à la Suède (7-1) et l'Espagne (6-1). Ces deux corrections avaient mis Rio de Janeiro en ébullition. Avec quatre buts, Ademir fit un festival devant les Suédois.

Le 16 juillet 1950, les vingt-deux acteurs se neutralisent pendant la première mi-temps. Les Brésiliens gèrent mal l'événement, tandis que les Uruguayens procèdent en contre. La physionomie de la rencontre change dès le retour des vestiaires quand l'ailier droit Friaça ouvre le score pour les Auriverde dans le cratère humain. Incapable d'emballer la partie, le Brésil est rejoint à la soixante-cinquième minute. La gagnante de l'épreuve étant l'équipe qui finira la première de la poule finale, il suffisait d'un match nul aux Brésiliens pour obtenir leur premier sacre. L'insoutenable intervient onze minutes avant le coup de sifflet final de l'arbitre : lancé en profondeur, l'ailier de la « Céleste », Alcides Gigghia, oblique et frappe de biais au ras du poteau gauche de Moacyr Barbosa. 1-2 ! Un silence de mort s'abat sur le Maracanã. Jules Rimet n'en croit pas ses oreilles : il venait de quitter la tribune pour aller se préparer à remettre le trophée au Brésil. Pas un bruit, excepté la liesse des joueurs et de leur staff rejoint par des journalistes uruguayens. Le Brésil est passé à côté du sujet. L'Uruguay de Juan Alberto Schiaffino mérite sa victoire. Le Maracanã se vide quand M. Rimet tend la coupe aux vainqueurs. Des supporters se suicident, n'acceptant pas le résultat. Les autres en veulent à Barbosa, désigné bouc émissaire. L'« Homme caoutchouc » de Vasco de Gama qui faisait l'admiration de ses concitoyens fut désigné responsable de la défaite. Le tir croisé prit la forme d'une croix. Il disait : « J'ai touché le ballon. Si

Le Brésilien Zizinho tente de s'infiltrer dans la défense yougoslave (2-0), lors de la Coupe du monde 1950. Mort en 2002, à 79 ans, il est peu souvent cité dans l'histoire car il n'est pas arrivé à donner le premier titre mondial au Brésil, battu par l'Uruguay au Maracanã.

ImageForum

j'avais été un centimètre mieux placé, je l'aurais détourné… » Le premier portier noir à garder les buts du Brésil devint pestiféré. Tout le monde s'écarta de celui qui « porte la poisse ». Ce qu'on dit de lui l'accablait davantage que son arrêt manqué. Dans le moindre bus, on chuchotait : « Oui, c'est lui… » Bien avant de mourir, Barbosa est enterré vivant. Une poignée de secondes anéantit sa vie. Le Maracanã a heureusement connu des instants plus joyeux avec Garrincha puis avec Zico. Pelé y a inscrit son millième but, le 19 novembre 1969. Le « roi du football » marqua sur penalty à la soixante-dix-huitième minute de Santos-Vasco de Gama (1-2). Il fit semblant de tirer du gauche puis frappa du droit. Il était 23 h 23. « Goooooooooooool ! » Un dirigeant de Santos offrit au buteur un maillot avec dans le dos le chiffre 1 000. Pelé se mit à pleurer. Le trop gentil Garrincha n'a jamais su se mettre en scène de la sorte. Moins armé que compatriote, il se laissa dévorer par les requins du football.

Sipa/AP

L'Uruguayen Alcides Gigghia marquant le but victorieux (1-2) contre le Brésilien Moacyr Barbosa, au Maracanã, en finale de la Coupe dumonde, le 16 juillet 1950. Le portier de la Seleçao ne s'en releva pas et devint maudit dans son propre pays.

ImageForum

Cette équipe du Brésil n'a pas réussi à conquérir le titre mondial en 1950, au Maracanã. Debout : Ely, Juvenal, Augusto, Daniolo, Barbosa, Bigode. Accroupis : Maneca, Ademir, Baltazar, Jaïr, Friaca. L'histoire ne leur a pas souri.

ImageForum

Moment historique : Pelé marque son 1 000e but en compétitions, le 19 novembre 1969, au Maracanã, lors de Santos-Vasco de Gama, pour le plus grand bonheur des Cariocas.

ImageForum

En l'honneur du 1 000e but de Pelé, la poste brésilienne édita deux millions de timbres en hommage au héros national dont la renommée devint interplanétaire l'année suivante, quand il fut champion du monde 1970 au Mexique, pour la troisième fois de sa carrière. Edson Arantes do Nascimiento dit Pelé a marqué en tout 1 285 buts en 1 375 matchs, dans son parcours de champion d'exception démarré en 1955.

Nicolas de Staël peint le football

Parmi les 35 779 spectateurs de France-Suède du 26 mars 1952 se trouve Nicolas de Staël qui est venu voir le match avec sa femme, par curiosité, sans doute pour assister au premier match en nocturne de l'équipe de France

PresseSports/L'Équipe

Pour un coup d'essai ce fut un coup de maître. Alors qu'il ne peignait que des natures mortes ou des paysages, il a soudain la révélation du mouvement. Jamais auparavant il n'avait ressenti l'urgence de peindre des gens en train de bouger. Le fait d'être dans les tribunes et de voir le rectangle vert sur lequel couraient et sautaient les joueurs lui ouvrit les yeux sur le rapport des couleurs et des volumes. Il se moquait éperdument de savoir qui des Français ou des Suédois jouait le mieux. D'ailleurs, il valait mieux qu'il ne soit pas un supporter des Tricolores, qui ont perdu 0-1 dans les ultimes minutes. Nicolas de Staël ne retiendra de cette soirée que le souvenir du corps de René Vignal faisant obstacle dans les pieds des attaquants adverses. Il ne fit aucune différence entre Marcel Salva et Robert Jonquet. Le peintre fut obsédé par les volumes humains éclairés par soixante projecteurs de mille watts. D'habitude, il allait chercher la lumière naturelle au Maroc ou en Italie. Cette fois, elle fut artificielle. Dès son retour du stade et les jours suivants, il peignit au couteau vingt-quatre tableaux sur le thème des footballeurs. Des damiers rouges, bleus, noirs ou jaunes s'entrechoquent sur la toile.

« Entre ciel et terre, une tonne de muscles voltige en plein oubli de soi. »

Le ballon est blanc et la pelouse rouge ou bleue. Les formats grands ou petits. Sous le charme de la rencontre du Parc des Princes, il écrit à son ami René Char : « Tu es un ange comme les gars qui jouent la nuit. Quand tu viendras on ira voir des matchs ensemble. C'est absolument merveilleux. Personne là-bas ne joue pour gagner, si ce n'est à de rares moments de nerfs où l'on se blesse… Entre ciel et terre une tonne de muscles voltige en plein oubli de soi. Quelle joie ! » Il voulait que la couleur « sonne comme les affiches sur la nationale au départ de Paris ». Pour le peintre, personne ne chercha à vaincre, bien qu'il ait eu l'impression d'assister à une bataille. Un critique compara avec justesse les footballeurs de Nicolas de Staël et les chevaux de Paolo Uccello. France-Suède lui permit de franchir la frontière de l'abstrait vers le figuratif, qui faisait ringard à son époque. Le 16 mars 1955, il se lança dans le vide sur les remparts d'Antibes. Le lendemain, la France battait l'Espagne à Madrid (1-2). Le romantique peintre russe exilé aurait dû y aller. Au centre de cent vingt-cinq mille Espagnols, Kopa et Vincent ont montré que l'on pouvait vaincre dans un milieu hostile.

Nicolas de Staël

Équipe de France. De gauche à droite : Pierre Flamion, André Doye, Albert Dubreucq, René Alpsteg, Antoine Bonifaci, Robert Jonquet, Abdelkader Firoud, Marcel Salva, Guy Huguet, René Vignal, Jean Baratte.

La plus belle finale de la Coupe de France

« On était des charlots puisqu'on jouait en noir et blanc », déclare Antoine Bonifaci quand il évoque Nice-Bordeaux, le premier match diffusé à la télévision, dimanche 4 mai 1952

Il n'y avait que deux caméras opérationnelles sur quatre à la disposition de la Radiodiffusion-Télévision française (RTF). L'ancien inter niçois manie l'humour pour dire qu'au terme de salaires et de gains publicitaires les joueurs de sa génération ne font pas le poids avec les footballeurs de l'an 2000. « Pour nous remercier de faire sa promotion, un maroquinier nous a offert une valise ! Quant aux dirigeants de Coca-Cola, ils m'ont donné une caisse de bouteilles… » La finale d'anthologie fit vibrer 61 485 personnes à Colombes, sans compter les rares téléspectateurs : en 1950 on comptait 3 794 postes de télévision dans le pays, 15 000 en 1952 (surtout en région parisienne) et il faudra attendre 1954 pour que 1 % des ménages français en soit équipé. L'unique commentateur, Georges de Caunes, fit preuve de beaucoup d'esprit, sans une once de vulgarité : « Messieurs les directeurs, monsieur le téléspectateur, bonjour ! » Nice mena 2-1 avant d'être rejoint 3 à 3. Le suspense fut à son comble jusqu'à ce que Bordeaux abdique 3-5. En définitive, l'équipe la plus offensive vint à bout d'une défense musclée. Numa Andoire avait lancé de jeunes joueurs (Nuremberg et Carniglia) qui répondirent présent en inscrivant un but chacun. L'entraîneur niçois avoua qu'il avait autorisé ses joueurs à faire la fête la veille du match afin qu'ils ne gambergent pas dans la nuit précédant le coup d'envoi, à quinze heures. Les vainqueurs du Championnat 1951 formaient une équipe qui faisait les gros titres. Leur spécialité était de jouer en contre-attaque.

Au début des années 1950, les Aiglons prenaient le wagon bleu, le vendredi soir, en gare de Nice, pour arriver, à Paris, le lendemain à huit heures. Après leur match du dimanche après-midi, ils repartaient en train de nuit pour regagner la Côte d'Azur, le lundi matin à 8 h 30. Les remplacements n'étant pas permis, seuls les onze titulaires faisaient le voyage. Les déplacements au Havre, à Sochaux, à Saint-Étienne, à Strasbourg et à Lille étaient encore plus épiques. De retour à Nissa la Bella, ils se rendaient à l'Opéra pour y prendre une douche. Ils ne dérogèrent pas à ce rituel à leur retour triomphal de la première Coupe de France remporté par l'OGC Nice. Des milliers de Niçois firent une haie d'honneur jusqu'à la promenade des Anglais. Par pudeur, Antoine Bonifaci ne se souvient plus qu'il pleura dans les vestiaires de Colombes : le prodige international d'alors n'avait pu contenir son émotion devant deux titres et une Coupe gagnés à moins de vingt ans. À la fin de son reportage, Georges de Caunes s'écria : « À vous les studios, à vous Cognac-Jay ! » À Nice et à Bordeaux, la télévision n'avait pas encore d'émetteur. Les joueurs des deux camps ne surent pas qu'on les filmait en permanence. Aucun d'entre eux ne savait ce que signifiait le mot « télévision ». Quelque temps après la finale, les joueurs eurent l'occasion de se revoir au cinéma lors des « Actualités ». La pellicule restituait la lumière du soleil avec le panneau d'affichage manuel « Bordeaux 3, Nice 5 », surplombé par la publicité pour *L'Équipe*.

En mai 1952, les finalistes se disputèrent aussi le titre de champion de France remporté par les Niçois lors de l'ultime journée… Deux ans plus tard, l'OCG Nice gagne de nouveau la Coupe de France avec cette fois Just Fontaine et Joseph Ujlaki. Leur coéquipier Pancho Gonzales a la particularité d'être le seul Niçois présent sur la pelouse lors de la conquête des quatre titres et des deux Coupes trustés par le club rouge et noir dans les années 1950. L'Argentin s'est fait naturaliser français, parlant couramment nissart. L'autre apport sud-américain provint de Yeso Amalfi, qui transcenda le Gym afin d'enlever le premier titre de son histoire, celui de 1951. Dès son arrivée au Gym, il se heurta à la sévérité de l'entraîneur Élie Rous. Refusant de faire des tours de terrain à n'en plus finir, il prit un morceau de sucre avec lequel il jongla une vingtaine de fois avant de le stabiliser sur son front et de le gober : « Quand vos joueurs sauront faire ça, je ferais comme eux ! » Et de partir se baigner à l'Opéra Plage, sur la promenade des Anglais, soit un petit peu de Brésil pour l'ex-joueur de São Paulo. On pouvait s'attendre à

> 1952 Colombes. La plus belle finale de la Coupe de France

PresseSports/L'Équipe

Le banc niçois pendant la finale.

tout d'un joueur qui donna sa valise à porter au goal de Nice, au portier, quoi !

En dix-sept matchs de championnats, deux de Coupes et quatorze amicaux, Amalfi a marqué neuf buts et beaucoup plus les esprits. L'enchanteur jouait un quart d'heure, ici ou là, dans les rencontres, juste le temps de dynamiser ses copains et d'atomiser l'adversaire. Il attira les femmes au Ray. Certaines y venaient nues sous leur manteau comme lorsqu'elles allaient écouter Tino Rossi. Quand l'action se déroulait loin de lui, le Rudoph Valentino du Gym se recoiffait en pleine surface de réparation, tel Hugo Koblet sur son vélo, et parlait à ses admiratrices au grillage pendant que les Niçois souffraient en défense. Quand bon lui semblait, il passait la surmultipliée et pliait le match en quelques minutes. Ayant pris Bonifaci sous son aile, il confia, au sujet de son poulain : « Si on en avait encore neuf comme lui, on serait imbattables pendant dix ans ! » À l'époque où la Coupe d'Europe n'existait pas, le club était invité partout dans le monde. On voulait voir ce onze qui savait mélanger des Français de Nice (Rossi, Pedini, Fassone), de Lyon (Belver), d'Orléans (Germain), du Berry (Mindonnet), d'Île-de-France (Courteaux), et de Normandie (Carré) avec des Suédois (Begtsson, Hjalmarsson et Samuelsson), des Nord-Africains (Ahmed Firoud, Ben Tifour et Ben Nacef) et des Sud-Américains.

Nice accéda deux fois aux quarts de finale de la Coupe d'Europe, contre le Real Madrid, après son sacre en D1 en 1956 et en 1959. Les Aiglons parvinrent à vaincre les Madrilènes au stade du Ray, 3-2, après avoir été menés 0-2.

Le tour d'honneur des Aiglons à Colombes.

Le Luxembourgeois Vic Nuremberg réussit un triplé devant 21 422 Niçois qui n'en revenaient pas d'être venus à bout de Santamaria, Herrera, Puskas et Gento. Le Real se vengea chez lui, 4-0, avec Di Stefano, laissé au repos lors du match aller. L'OGC Nice tomba devant le futur vainqueur qu'il réussit à battre au moins une fois.

PresseSports/L'Équipe

Les Aiglons posent pour l'histoire.

MIROIR-SPRINT
Le Reflet du Sport
32 PAGES
50 francs

L'O.G.C. NICE CHAMPION DE FRANCE DE FOOTBALL

Debouts : MARTINEZ, BONVIN, GONZALES, COLONNA, POITEVIN et FRONZONI. Accroupis : UJLAKI, MILAZZO, BRAVO, ABDERAZAK, NUREMBERG

MIROIR sprint
LE MAILLOT JAUNE DES HEBDOMADAIRES SPORTIFS

Dans ce numéro :
MAURICE FOURNIER SAUTEUR DÉCONTRACTÉ
★
PECHEDUR ET BRIQUEMOL par Pellos
★
ROBINSON-OLSON

N° 519
21 Mai 1956
50 francs

Le stratège niçois Antoine Bonifaci fut l'un des principaux artisans de la victoire.

PresseSports/L'Équipe

Colombes, stade Yves-du-Manoir, 4 mai 1952. Les supporters niçois envahissent la pelouse après le triomphe de leur équipe.

Roger-Viollet

PresseSports/L'Équipe

> 1952 France-Allemagne (3-1)

La France bat les futurs champions du monde

« *Jamais* La Marseillaise *ne fut si intense sur un stade* »

ImageForum

L'équipe de France pose le 1er octobre 1952 à Rueil, quatre jours avant son match contre l'Allemagne. Debout : Lazare Gianessi, César Ruminski, Antoine Bonifaci, Robert Jonquet, Armand Penverne, Roger Marche. Accroupis : Joseph Ujlaki, Thadée Cisowski, Raymond Kopaszewski, dit Kopa, André Strappe et Léon Deladerrière.

PresseSports/L'Équipe

But de Ujlaki (1-0 pour la France).

PresseSports/L'Équipe

France-RFA 1952, Armand Penverne.

Dommage qu'aucun magnétophone n'ait enregistré cinquante-six mille poitrails en transe hurlant leur amour de la France devant des joueurs allemands tétanisés, regard au sol. Quatorze ans plus tôt, leurs prédécesseurs faisaient le salut fasciste, au Parc des Princes, lors de la Coupe du monde 1938, au cours du match Allemagne-Suisse où retentit le *Horst Wessel Lied*, l'hymne nazi. Le 5 octobre 1952, les Tricolores se présentèrent à Colombes avec Robert Jonquet, Roger Marche, Armand Penverne, André Strappe et le débutant Raymond Kopa, pour la première fois appelé sous le maillot tricolore. L'ouverture du score fut l'œuvre d'un autre nouvel international, Joseph Ujlaki, qui marqua dès la quatrième minute d'une reprise du droit au premier poteau sur passe de Strappe. Le Hongrois venait d'être naturalisé français. C'est ainsi qu'un étranger peut devenir plus patriote qu'un Français de souche. « Kiki » fut transcendé par son but applaudi à tout rompre. Quel chemin parcouru depuis ses débuts à Ujpest Dosza où il frappa à la porte de la mythique équipe du Onze d'or. Les gens de son quartier allaient le voir jouer le dimanche quand il était cadet. Le match s'équilibra après l'égalisation allemande. En seconde mi-temps, les Bleus prirent le large grâce à Thadée Cisowski et Strappe.

Antoine Bonifaci fut très en vue lors du premier

Match germano-italien au Parc des Princes sous l'occupation allemande.

duel franco-allemand d'après-guerre. Le Niçois, double champion de France, titulaire indiscutable, fêtait sa neuvième sélection au milieu d'aînés qu'il vénérait. À la fin de la partie, le capitaine allemand Fritz Walter confia : « Ce jeune m'a dégoûté. Jamais je n'ai été chargé de manière si intelligente. Je suis devenu un vrai toutou ! » Le compliment venait du futur champion du monde 1954. D'habitude, la référence mondiale au poste d'inter gauche était le chef d'orchestre de sa sélection.

« Toine » eut le seul tort de naître à l'âge de pierre du foot.

Pour une somme record de « vingt-six millions », Bonifaci fut transféré en Italie, où il devient meilleur numéro 6, trois saisons de suite, ce qui n'est pas un mince exploit vu la valeur des défenseurs transalpins. À l'Inter Milan, il se trouva dans un contexte administratif qui l'empêcha de jouer pendant un an car la fédération italienne ne voulait pas d'étranger dans le calcio. De surcroît, il ne fut plus appelé en équipe de France parce que ses nouveaux employeurs demandaient une assurance trop forte aux Français. C'est ainsi que Bonifaci ne participa pas à la Coupe du monde 1958. En seulement douze sorties avec les Bleus, il s'illustra contre le Wunderteam autrichien (2-2), devant 61 867 personnes, et face aux Anglais, à Highbury, sur le même score.

Né en 1931, Bonifaci fut élu « Footballeur français n° 1 » et « Sportif de l'année » avant de rejoindre Milan puis Turin et Bologne. À ses débuts, il a été encouragé par sa mère, qui adorait le foot sans en saisir toutes les règles. Enfant, elle l'emmène au stade « parce c'est beau », disait-elle. Antoine se prit au jeu. Tous deux faisaient le trajet Bezons (Val-d'Oise)-Colombes à pied. « Il fallait voir comme ma mère était contente quand je gagnais, tandis que mon père ne comprenait pas que je sois payé pour jouer au foot… » Couvert de lauriers, le fiston fut élu « Meilleur Joueur au monde » par un jury composé de sommités du foot britannique. « Je suis devenu pro à l'OGC Nice parce qu'un jour j'en ai eu assez de payer mes chaussures de foot. » Efficace sur la pelouse, boute-en-train dans les vestiaires, « Toine » eut le seul tort de naître à l'âge de pierre du foot.

Au cours de ce France-Allemagne, Kopa brilla moins que le buteur Ujlaki, qui jouait alors à Nîmes. L'entente entre les deux hommes ne sera jamais au beau fixe. Ujlaki n'était pas joueur à se laisser dominer par quiconque. Professionnel irréprochable, il n'avait pas à subir le rayonnement de Kopa, entouré de Rémois chez les Bleus. Comme un vestiaire ne peut pas avoir deux patrons d'envergure, les dirigeants écartèrent « Monsieur Jo », pourtant véritable buteur d'élite. Nuque raide, buste droit, il jouait sans jeter un coup d'œil sur le ballon : « C'est les partenaires qu'il faut regarder bouger pour bien les servir. » L'un de ses mentors, Georges Bayrou, était si ému par le jeu de Joseph Ujlaki qu'il devinait, les yeux fermés, quand l'avant-centre touchait le ballon. « Les gens ne respirent pas pareil à ce moment-là », confiait-il. France-Allemagne 1952 appartient à l'histoire. Le remake de 1982 à Séville en est un écho.

> 1953 Wembley

Le Onze d'or de Puskas

Le stratège hongrois Ferenc Puskas est l'un des plus grands footballeurs de l'histoire avec Pelé et Di Stefano. Si le football est devenu un art, c'est grâce à eux.

Sipa

ImageForum

Le football apprend à vivre dans un groupe tout en gardant ses propres qualités au sein du collectif

Cet art de la complémentarité illuminait la Hongrie de la génération Ferenc Puskas dit le « Major galopant », artiste du dribble en contre-pied doté d'une *vista* et d'une frappe de balle stupéfiantes. Le Onze d'or champion olympique 1952 fit tomber l'Angleterre pour la première fois, chez elle. L'équipe passa les trois quarts du match dans le camp anglais au terme d'un score fleuve: 3-6! Voici le collier de perles serties par l'entraîneur joaillier Gustav Sebes, ancien ajusteur aux usines Renault de Boulogne-Billancourt: Grosics puis Geller, Buzanski, Lorant, Zakarias, Lantos, Boszik, Hidegkuti, Budaï, Kocsis, Puskas, Czibor. Jusqu'au mercredi 25 novembre 1953, les Anglais n'affichaient que du mépris pour le football venu d'ailleurs, n'acceptant de participer à la Coupe du monde qu'à partir de 1950. Cent mille personnes restèrent médusées quand elles virent que leurs favoris étaient menés 1-4 au bout d'une demi-heure de jeu.

Les joueurs anglais ne savaient plus où donner de la tête devant la farandole des maillots grenat guidés par le chef d'orchestre Puskas très rapide malgré un léger embonpoint. Les Hongrois de différents gabarits évoluaient sous la forme d'un 4-2-4 qui révolutionnait le football de grand-papa. Le Onze d'or magyar conjuguait à l'unisson tactique et technique, avec une grande vitesse d'exécution. Le déplacement des attaquants perturbait les défenseurs anglais qui n'arrivaient plus à se situer par rapport à l'opposition. « C'était terrible! J'ignorais que l'on pouvait improviser avec autant de justesse », commenta Stanley Matthews, K-O à l'entrée des vestiaires. La légende vivante du foot anglais constatait les dégâts avec philosophie, remisant aux oubliettes l'hégémonie du WM, soit le 3-2-2-3. Sept joueurs présents sur la pelouse ne rejoueront plus jamais sous le maillot de l'Angleterre!

Nous jouons un football communiste…

Si Sándor Kocsis, dit « Tête d'or », ne parvint pas à marquer, son copain Nador Hidegkuti réalisa un triplé. Sous le joug communiste, le peuple hongrois rêvait au gré des exploits du Onze d'or, qui incarnait si bien la liberté d'action avec ses éléments issus de clubs sous le contrôle du ministère de la Défense. Leur entraîneur était intarissable devant son système du tout-défense et du tout-attaque annonçant le football total hollandais: « Nous jouons un football communiste où chacun travaille pour l'autre… » L'invincible équipe perdit pourtant le match qu'il ne fallait pas perdre: la finale de la Coupe du monde 1954, face aux Allemands (2-3). Le score ne dit pas que l'arbitre refusa l'égalisation valable du virtuose Puskas, qui joua blessé. À l'époque, on supposa que la FIFA ne pouvait pas laisser gagner un représentant de l'Est face à l'Ouest. La victoire des Allemands survint alors qu'ils avaient été battus par les Hongrois en huitièmes de finale, 3-8! C'est au cours de ce match que l'arrière Liebrich meurtrit la cheville du divin gaucher Puskas. Sur les deux matchs, le score est de 10 pour la Hongrie et de 6 pour l'Allemagne…

Le soulèvement de Budapest de 1956 marqua la fin du Onze d'or, dispersé en Europe. N'empêche, qui dit Hongrie dit Puskas et ses copains. Des as de la feinte de corps. Bien avant le Brésil de Pelé, la Hongrie de Puskas fit rêver le monde avec un ballon. En quatre-vingt-quatre sélections, il inscrivit quatre-vingt-trois buts! La Hongrie des années 1950 dispensait sept grâces:

1. Tous pour un et un pour tous;

2. Interdit de tenter l'exploit personnel quand un partenaire est en position de marquer;

3. Travailler aux entraînements et jouer lors des matchs;

4. Mouiller le maillot quatre-vingt-dix minutes et plus si nécessaire;

5. Éprouver le bonheur d'exercer le métier de footballeur sans l'afficher béatement;

6. Tirer au but à la moindre occasion;

7. Ne jamais laisser isolé un partenaire porteur du ballon.

Tous ces commandements du foot moderne sont nés du 3-6 à Wembley. Ce jour-là, les Anglais sont revenus sur terre, eux qui avaient pris de haut leurs adversaires. Au cours de ce match, les Hongrois tirèrent trente-cinq fois au but contre cinq frappes des Anglais.

Après cette rencontre, le football ne sera plus jamais le même. Un nouvel ordre intervint: l'Angleterre devenait une nation parmi les autres. Suite à l'entrée des chars soviétiques à Budapest, l'officier Puskas déserta l'armée hongroise. Au lieu de l'aider, la FIFA le suspendit deux ans parce que son club communiste, Honvéd, refusait de le transférer. Devenu apatride, Puskas ne savait plus quoi faire quand Di Stefano lui demanda de signer au Real Madrid. À trente et un ans, Puskas se relança en Espagne et devint l'une des plus grandes stars d'Europe sans empiéter sur l'autorité de son bienfaiteur, qui régentait le jeu madrilène. La Hongrie brilla encore par la suite, grâce à Albert Florian, Ballon d'or 1967, qui parvint à conduire son pays deux fois en quarts de finale de la Coupe du monde (1962-1966). Cette page du foot serait paradisiaque si cinq artistes du onze majeur de 1953 n'étaient pas morts d'une crise cardiaque, entre quarante-six et soixante ans… De son côté, Sándor Kocsis, atteint d'un cancer à l'orée de son cinquantième anniversaire, se jeta du haut de la fenêtre de sa chambre d'une clinique de Barcelone, en 1979.

ImageForum

Blessé, Puskas, en noir et de dos, a perdu la finale (2-3) de la Coupe du monde 1954 face aux Allemands, le 4 juillet à Berne. Dommage car son équipe dominait le football mondial de cette époque.

ImageForum

Avant de perdre en finale, les Hongrois avaient pourtant battu les futurs vainqueurs allemands 8-3 en huitièmes! Voici les héros magyars avant cette victoire: Puskas, Grosics, Lorant, Hidegkuti, Boszik, Lantos, Buzanski, Zakarias, Toth II, Czibor et Kocsis.

PresseSports/L'Équipe

> 1956 Espagne

Le Real Madrid de Di Stefano

M. Alfredo Di Stefano, maître absolu du ballon rond. Aussi intelligent que doué, la marque absolue des vrais champions.

ImageForum

Pourquoi le foot est-il devenu le spectacle le plus suivi de la planète ? Parce qu'un jour il a été pratiqué par Alfredo Di Stefano, qui fut au sport ce que Gary Cooper a été au cinéma. THE joueur n'est pas devenu footballeur parce que c'était la mode : il est né footballeur comme on est blanc ou noir de peau. Avant lui, il était fréquent d'entendre : « Voir vingt-deux cons taper dans un ballon, quel intérêt ? » Maître cerveau sur son homme perché prouva que, sans intelligence, le ballon est une machine à écrire inerte

Grâce au Real, le foot devient un spectacle. Pas besoin de retrouver un spectateur parmi les cent trente-cinq mille qui assistèrent à Real Madrid-Eintracht Francfort le 18 mai 1960 pour s'en convaincre. Le score suffit : 7-3 ! Avec quatre buts de Ferenc Puskas et trois de Di Stefano. Les deux cracks avaient bien mérité de goûter un haddock frites local. S'octroyant les cinq premières Coupes d'Europe des clubs champions, le Real Madrid fut le paradis sur terre, entre 1956 et 1960. Pour la première, Di Stefano ne doit rien à personne. Pour les trois suivantes, il a été aidé par Kopa. Pour la cinquième, Puskas lui a prêté pied fort. Ensuite, la mécanique madrilène se contenta de la seconde marche du podium, précédée par le Benfica d'Eusebio puis par l'Inter Milan de Sandro Mazzola. Le Real a renoué avec la victoire finale en 1966, mais sans Di Stefano. L'unique joueur à posséder les six couronnes est un pur produit du club : Gento. Di Stefano et Zarraga n'en ont que cinq…

Francisco Gento dit « Boule de feu » marqua deux cent cinquante-trois buts en sept cent soixante et un matchs. Ses 11 secondes sur 100 mètres faisaient pâlir d'envie ses confrères ailiers gauche. Sa présence fut néanmoins surclassée par Di Stefano, qui faisait régner sa loi où bon lui semblait. L'âme du Real, c'était lui, l'Argentin né à Buenos Aires en 1926 naturalisé espagnol en 1957. L'omnipotent président Santiago Bernabéu savait que l'ex-star de River Plate marquait en moyenne un but par match ou, dans le pire des cas, offrait une ou deux passes décisives. Pour un coup d'essai ce fut un coup de maître : à peine enrôlé, Di Stefano offrit le titre de champion d'Espagne 1954 alors que le club n'avait plus gagné ce trophée depuis 1933… Son regard fiévreux lui donnait des allures de conquistador. Sa forte personnalité, provenant de ses origines multiples (italien par son père ; béarnais et irlandais par sa mère), s'imposa auprès de ses partenaires et encore plus sur ses adversaires. Le stratège avait un droit de regard sur les nouvelles recrues. Ce fut oui pour Kopa et Puskas, trois fois meilleur buteur de la Liga, malgré sa bedaine. Ce fut non pour Didi, déclaré *persona non grata*. « Alfredito » avait peur que le Brésilien n'empiète sur son autorité. Servi par une légende, l'ancien gardien de troupeau de vaches avait à ses débuts joué en Colombie, car les footballeurs de son pays natal faisaient grève.

La popularité de la « Flèche blonde » était si grande qu'il fut kidnappé, à Caracas, lors d'une tournée avec le Real, par un groupe de Vénézuéliens qui voulaient faire un coup d'éclat en 1963. Dès sa signature au Real, il fit sensation parce que, sans l'intervention du Caudillo Franco, supporter du club, le multiple champion d'Argentine et de Colombie aurait signé au FC Barcelone, l'ennemi héréditaire. Don Alfredo Di Stefano avait un temps de réaction très rapide dans sa lecture du jeu, à cet instant où

Keystone-France

Rencontre au sommet : alors qu'il vient de signer au Real Madrid, Raymond Kopa vient saluer son nouveau partenaire dans les vestiaires madrilènes, le 25 septembre 1956.

ImageForum

Le quintet d'attaquants de rêve du Real Madrid des années 1950 et 1960 : Kopa, Rial, Di Stefano, Puskas et Gento. Soit une galaxie de stars du foot.

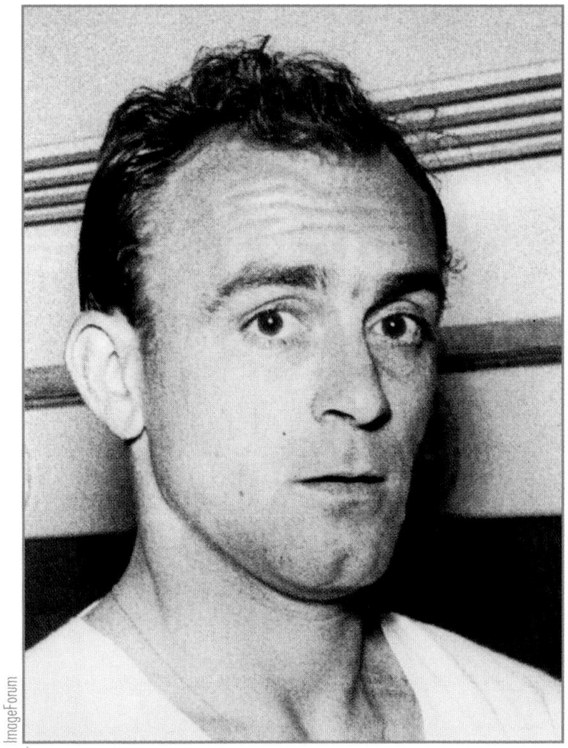

ImageForum

En Argentine, en Colombie ou en Espagne, Alfredo Di Stefano a régné en monarque du football. Sa classe était si évidente que ses adversaires devenaient de simples spectateurs. Le soliste virtuose était au service de la collectivité. D'où son prestige. Avec Pelé et Puskas, il a donné ses lettres de noblesse au football.

l'on doit en même temps anticiper la charge de l'adversaire et improviser l'action suivante. Tout l'art réside dans cet espace réduit. Plus le choix est bien fait, plus la vie est simple sur un terrain. Jamais satisfait, el señor Di Stefano ne s'est jamais vanté de ses huit cent quatre-vingt-treize buts en mille cent vingt-six matchs. Le technicien Albert Batteux arriva à cette célèbre conclusion qu'il répéta des centaines de fois : « Marquer à la culotte un tel spécimen tiendrait au suicide collectif ! » Une fois qu'il eut terminé sa carrière d'entraîneur, le Ballon d'or 1957 et 1959 devint président honoraire du club castillan, toujours fier d'exhiber l'ancien ambassadeur de l'Espagne franquiste. Di Stefano n'aurait eu un tel palmarès s'il n'avait eu comme partenaire un arrière de la dimension de José Santamaria, bon de la tête, bon dans le replacement, bon dans la relance, bon de partout ! Il fut à la base de tous les principaux succès du Real. Il était à la fois la nappe phréatique, le Samu et le gendarme du onze madrilène. Si paternel qu'on le dénommait « Pépé ».

Voilà un homme sur lequel on pouvait compter.

ImageForum

Raymond Kopa tient la coupe d'Europe des clubs champions qu'il vient de remporter sous le maillot du Real Madrid avec Alfredo Di Stefano, le 30 mai 1957, dans leur « jardin », le stade de Santiago Bernabéu, contre la Fiorentina (2-0).

PresseSports/L'Équipe

Pelé et Garrincha,

La composition des équipes de certains matchs ressemble au générique d'un film. Dans le panthéon du football, Garrincha (1933-1983) et Pelé occupent une place de choix, alors qu'ils sont aussi différents que le jour et la nuit. Réunis sous le maillot de la Seleçao, Pelé et Garrincha n'ont jamais perdu ensemble. Néanmoins, il est facile de les opposer tant leurs carrières sont différentes

Rue des Archives-Paris France

Edson Arantes do Nascimento dit « Pelé ».

Tous deux ont remporté la première Coupe du monde gagnée par le Brésil, en 1958. Garrincha avait vingt-cinq ans et Pelé dix-huit, autrement dit un homme et un grand enfant jouaient ensemble. Malgré les apparences, le grand enfant, c'était Garrincha, qui, quatre ans plus tard, reconverti avant-centre, eut un rôle prépondérant dans la conquête du deuxième titre mondial, alors que Pelé disparut de la compétition sur blessure, dès le premier match. Pourtant le palmarès de Pelé affiche fièrement la Coupe du monde 1962. Ne l'appelle-t-on pas le « Tricampeo »? Lors de cette phase finale au Chili, Garrincha fut expulsé en demi-finales contre le pays organisateur vaincu 2-4. Comme il avait fait le spectacle à lui tout seul, marquant du gauche et de la tête, sa première suspension émut le président péruvien, qui intervint auprès de la FIFA afin que le banni puisse jouer la finale contre les Tchèques. On ouvrit donc la cage et Garrincha (le « Petit Oiseau ») s'envola vers la victoire à Santiago, 3-1. Vu son jeune âge, Pelé disputa l'édition de 1970 jusqu'au succès final. Depuis ce sacre, il ne cesse de courir le monde dans le rôle de l'homme-sandwich prônant la MasterCard ou le Viagra. Doué pour le marketing, il fut l'un des premiers sportifs à savoir vendre son nom dans

Les jambes du magicien Garrincha sont aussi célèbres que celles de Cyd Charisse.

ImageForum

L'équipe du Brésil avant son match contre l'URSS (2-0), lors de la Coupe du monde 1958, le 15 juin, à Göteborg.
De gauche à droite :
De Sordi, Didi, Pelé, Zagallo, Garrincha, Zito, Vava, Orlando, Nilton Santos, Gilmar et le capitaine Bellini.

le jour et la nuit

le monde entier. Bien sûr, cela n'enlève rien au talent de créateur et de buteur de l'homme aux 1 285 buts en 1 375 matchs. Toujours accort, Pelé semble éternellement jeune. Opposé à ce sourire commerçant, Garrincha fait figure de poète maudit. C'est Picasso face à Modigliani, ou Chaplin contre Keaton. D'un côté, la reconversion sous le règne de l'argent; de l'autre, la vie d'artiste. La biographie de Manoel Francisco dos Santos dit « Garrincha » mérite à elle seule un livre tant le joueur est l'incarnation vivante du mot de Montherlant: « L'ailier, cet enfant perdu. » Le surnommé « Mané » ne quitta jamais son quartier natal de Pau Grande, près de Rio de Janeiro. Aux matchs officiels de son club de Botafogo, il préférait les parties de *pelada* disputées entre copains sur le terrain vague qui l'avait vu frapper ses premiers ballons. Là, le champion du monde courait pieds nus alors qu'il gagnait cent fois le salaire de ses amis. Au départ, les médecins ne lui donnaient aucune chance de réussir dans le football, car ses jambes souffraient d'une déformation qui offensait les lois de la gravité. Au lieu de subir son handicap, il fit tourner en bourrique tous les défenseurs du monde, qui n'y voyaient que du feu face au plus grand dribbleur de tous les temps. Par quel mystère réussit-il à mettre dans le vent son vis-à-vis en faisant toujours la même feinte à gauche avant de filer côté droit? On ne le saura jamais. Il semblait propulsé par une décharge électrique dès qu'il amorçait son déhanchement après avoir nargué son garde-chiourme. L'ailier détalait comme un voleur que les gendarmes poursui-

L'ailier détalait comme un voleur que les gendarmes poursuivent.

ImageForum

Garrincha à la lutte face au défenseur gallois, Mel Hopkins, lors de Brésil-pays de Galles (1-0), en quarts de finale de la Coupe du monde 1958, le 19 juin.

ImageForum

Garrincha chute devant le goal français, Claude Abbes, et le défenseur tricolore Raymond Kaelbel, au cours de France-Brésil (2-5), en demi-finale de la Coupe du monde 1958, le 24 juin, à Stockholm.

Keystone-France

Garrincha fut marié à la grande chanteuse brésilienne Elza Soares. Un mariage d'amour et non pas *people*. Tombé dans l'alcoolisme après la fin de sa carrière, l'artiste ultrasensible de la Seleçao n'a jamais accepté la cruauté du football qui fait de vous un retraité à la force de l'âge.

> 1958 Brésil. Pelé et Garrincha, le jour et la nuit

Le 29 juin 1958, Pelé tombe dans les bras de Vava, après le deuxième but brésilien contre la Suède (5-2), en finale de la Coupe du monde, à Stockholm.

Mario Zagallo éclate en sanglots au coup de sifflet final de la première Coupe du monde gagnée par le Brésil, en 1958. Il remportera aussi celle de 1962. Devenu entraîneur, il ajoutera à son palmarès les trophées de 1970 et de 1994. Personne n'a fait mieux que lui.

vent. Les jours d'euphorie, il faisait se télescoper deux adversaires juste en sautant par-dessus eux. Né pauvre, Garrincha dilapida sa fortune afin de ne pas renier ses origines. Au Brésil, on dit de lui : « Si nous étions cent quatre-vingt-cinq millions de Garrincha, notre pays serait plus fort que le monde entier. » Au sommet de sa gloire, il lui arrivait d'aller à la pêche à l'heure d'un match capital. Tant que le football existera, on se souviendra du magicien carioca qui fit la joie du peuple brésilien. Lorsque Garrincha entrait dans un magasin, des centaines de gens se donnaient le mot pour l'attendre à la sortie cinq minutes après. Pas habitué à cette démesure, il était d'une timidité maladive hors des stades. Sans ballon, il ne comprenait pas pourquoi les gens l'aimaient. Garrincha regrettait ce temps où il gagnait des matchs simplement pour qu'on laisse tranquille son frère, qui gardait les buts. Quand il faisait briller l'équipe de son quartier, les dirigeants ne traitaient plus son frangin de passoire. Les victoires à Pau Grande avaient plus de sens que le fait d'être champion du monde. À ce statut, il préférait celui de champion de sa ruelle. Lors d'un match exhibition à Strasbourg, il fit tant de petits ponts, de roulettes, d'arabesques que le public le força à revenir sur la pelouse en criant : « Le 7 ! Le 7 ! Le 7 ! » comme on réclamait la Callas à l'Opéra. En 1962, le principal artisan de la victoire brésilienne confia : « Comme Pelé n'a pas joué, on m'a mis avant-centre. C'est plus simple car vous voyez la cage d'en face qui paraît plus large ! Le Mondial est la compétition la plus facile à gagner car il n'y a que six rencontres sans match retour… » Celui qui n'a jamais rendu un coup aux adversaires qui lui en assénaient tant avait la langue bien pendue. Quand l'arthrose des genoux fut venue, il sombra dans l'alcoolisme. Imagine-t-on Miles Davis privé de trompette ? Quelques dirigeants n'ont pas dû se sentir très à l'aise de n'avoir pas tendu la main à Garrincha, décédé le 20 janvier 1983, à cinquante ans.

Imagine-t-on Miles Davis privé de trompette ?

Sous forme d'un triptyque visuel, voici le but que marqua Just Fontaine contre le Brésil, en demi-finales du Mondial 1958, le 24 juin. La France perdit 5-2 mais elle fut très diminuée par la grave blessure de Jonquet à une époque où le changement de joueur n'existait pas encore. « Je suis arrivé à marquer 13 buts lors de cette Coupe du monde parce que personne ne me connaissait » aime à dire le dynamiteur de défenses « Justo », dont l'humeur ravageuse n'a pas eu d'héritier au sein des Bleus. Avec Antoine Bonifaci, il avait en plus le talent de ne pas se prendre au sérieux.

L'équipe brésilienne pose après la finale de la Coupe du monde à Stockholm qu'elle a remportée face à la Suède (5-2). L'équipe est composée des joueurs Bellini (capitaine), Gilmar, Djalma, Santos, Nilton, Santos, Orlando, Zito, Didi, Garrincha, Vava, Pelé et Zagallo.

Keystone-France

La postérité l'a vengé : on parlera toujours de lui et jamais plus d'eux. Le président de la FIFA d'alors était João Havelange, natif du Brésil... On lui doit la World Football Compagny qui jongle avec les équipementiers, les marchands de sodas et les chaînes de télévision, créant toutes sortes de nouvelles compétitions et élargissant toujours plus le cercle des participants au Mondial. Dans son austère bureau du quartier le plus chic de Zurich, le tycoon de la FIFA faisait ses comptes : « Mondial 1978, recettes brutes : 78 millions de dollars ; en 1982 : 500 millions et en 1998, 2 milliards... » Après 7200 jours de travail « bénévole » – c'est lui qui le dit – et 20000 heures d'avion, il passa la main à Joseph Blatter, P-DG rémunéré. Consigne : « Développer le foot encore davantage. » Au mépris de Garrincha.

Keystone-France

Le 29 juin 1958, lors de la finale de la Coupe du monde, le gardien de but suédois Kalie Svensson et le joueur brésilien Pelé en lutte pour la balle.

Trois souvenirs de Pelé se sont arrachés chez Christie's : un maillot du Mondial 1970, la paire de crampons avec laquelle il a marqué son 1 000e but et son contrat pro du FC Santos.

ImageForum

À Göteborg, Just Fontaine fut porté en triomphe par Yvon Douis, André Lerond et Jean Vincent, le 28 juin 1958, après avoir marqué quatre buts contre l'Allemagne (6-3) lors du match pour la troisième place de la Coupe du monde disputée en Suède.

ImageForum

Le défenseur Ray Wilson taclant Philippe Gondet, le 20 juillet 1966 lors du match de premier tour de la Coupe du monde, Angleterre-France (2-0).

ImageForum

Les années twist

Avant la suprématie des Stéphanois, à partir de la seconde moitié des années 1960, on assiste à la fin de la domination des Rémois, qui voient leur hégémonie d'abord contestée par Monaco.
Le début de la décennie est marquée par la double disparition de Fausto Coppi et d'Albert Camus alors que la fin de la précédente l'était par celle de Gérard Philipe. Le cyclisme, la littérature et le théâtre venaient de perdre trois héros. Et le football trois de ses aficionados

Le 23 novembre 1955, l'interprète de Lorenzaccio donna le coup d'envoi d'URSS-France (2-2), à Moscou, devant quatre-vingt mille personnes. Pour contrer l'acharnement du sort qui nous priva de trois indispensables, on avait bien besoin du twist, dérivé du rock'n'roll. Edgard Morin baptisa « Yéyés » les chanteurs qui firent fructifier cette danse au rythme de leurs onomatopées répétitives.

Sur les pelouses, ce sont plutôt les balbutiements des Tricolores qui persistent. Sans Kopa, en froid avec le sélectionneur Georges Verriest, la France ne se qualifie pas pour le Mondial 1962. Le nouveau Kopa s'appelle Anquetil. Le problème, c'est qu'il a choisi le cyclisme. Raymond Poulidor va s'en apercevoir…

Entre octobre 1960 et juillet 1964, les Français ne brillent pas, balle au pied : vingt-quatre matchs, quatre victoires, six nuls, quatorze défaites, trente-trois buts pour, trente-neuf contre. L'adjoint Henri Guérin relève le défi de qualifier le pays pour la Coupe du monde 1966. Ce premier sélectionneur-entraîneur considère le foot sous l'angle de l'engagement et du physique : un visionnaire, en quelque sorte. Son

ImageForum

Lev Yachine capte le ballon lors d'Italie-URSS (0-2), le 11 novembre 1963. Le gardien russe est le seul goal a avoir reçu le Ballon d'or.
On l'appelait « l'Araignée ». On aurait pu choisir « la Pieuvre ». Il régnait dans ses 18 mètres comme aucun autre goal-keeper avant lui.

groupe se qualifie in extremis pour l'Angleterre lors du dernier match de qualification au Parc des Princes contre la Yougoslavie grâce à un but de Philippe Gondet. Chacun des Bleus touche 675 francs de prime pour ce titre de gloire.

Le buteur décisif était l'un des fleurons du FC Nantes entraîné par le paternel José Arribas. Ce dernier, associé à Jean Snella, son homologue de Saint-Étienne, prit momentanément la succession de Guérin après l'éviction de la France, incapable de franchir l'obstacle des huitièmes de finale, à Londres. Il est vrai que les Tricolores essuieront leur seconde défaite (0-2) du tournoi devant le pays organisateur, futur vainqueur de la plus contestée des finales, à cause d'un but litigieux dont on ne saura jamais s'il a ou pas franchi la ligne blanche de la cage allemande. Les Anglais ne se posèrent pas ce genre de question. Balle au centre et 4-2. La reine remit le trophée à Bobby Moore. Les British avaient enfin leur sacre mondial. Ils ne l'ont pas volé, vu tout ce que le football moderne leur doit.

Sur le sol hexagonal, l'Association sportive de Monaco (ASM) se rappela au souvenir de la France. Dans les tribunes du stade Louis-II, la princesse Grace Kelly faisait le spectacle. La classieuse blonde mise en scène par Alfred Hitchcock faisait semblant de s'intéresser au football, assise à côté de son mari, SAS le prince Rainier III. C'est du moins ce que croyaient les non-résidants monégasques. Les autochtones du Rocher princier savaient, eux, que son père, John B. Kelly, était triple champion olympique en aviron. Le sport avait toujours été au centre de la famille de Philadelphie. On n'a jamais plus revu autant de jumelles dans les tribunes latérales, dos à la Méditerranée. Les spectateurs y scrutaient davantage le visage de la beauté, portant toujours des lunettes de soleil, que les coups francs de Théo. D'autres personnes s'agglutinaient sur les escaliers du zoo, qui servaient de populaires. Standing oblige. À Monaco, les tribunes, en face du panneau d'affichage, étaient une rampe en pierre de taille. Quand les gens applaudissaient, il était difficile de savoir s'ils saluaient un but d'Yvon Douis ou un mouvement de Grace Kelly, qui n'a jamais eu besoin de poser pour une crème antiride pour démontrer qu'elle avait du talent. À Monaco, on a l'impression que le soleil brille moins depuis la disparition de l'astre du septième art.

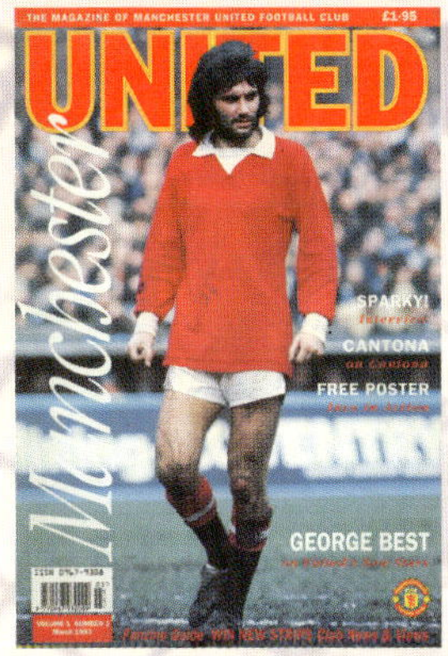

Lucien Cossou se souvient peut-être plus de la défunte que du doublé qu'il réalisa avec l'ASM en 1960. Son équipe fut l'une des plus formidables de l'histoire de la principauté. Le prince Rainier III était un fin connaisseur de football, qui servait de porte-drapeau à la principauté. Le monarque composa une équipe de premier plan avec un jeu plein de finesse. Il voulait que les siens aient un fond de jeu. Avec les avantages financiers dont il jouissait, aucun joueur n'était trop beau pour lui. L'ancien joueur Lucien Leduc inculqua à l'ASM une exigence permanente que l'absence d'un public important peut parfois faire oublier.

Sur la scène européenne, Eusebio (Benfica), Sandro Mazzola (Inter) et Gianni Rivera (AC Milan) ne fuirent pas leur responsabilité au moment stratégique des saisons. En 1968, le Manchester Football Club de papa Matt Busby frappe un grand coup, infligeant un camouflet au Benfica d'Eusebio, 4-1 après prolongations, en finale de la grande Coupe d'Europe, la seule qui compte vraiment. Les Anglais avaient la colonne vertébrale ad hoc ; derrière, la teigne Nobby Stiles, récupérateur-né ; au milieu, Bobby Charlton, technicien de haute précision ; et devant, l'enfant terrible George Best, le chéri de ces dames. *All You Need Is Love*, chantaient les Beatles. On y entendait *La Marseillaise*. Celle que l'on n'attendait plus sur les terrains, faute d'y voir briller la France. Ces années-là virent encore le gardien Lev Yachine, qui s'impose avec l'URSS en finale du premier Championnat d'Europe des nations, devant la Yougoslavie. En 1960, il n'y aura que 17966 témoins du 2-1. La mauvaise nouvelle interviendra au cours de la soixante-quatrième minute de Reims-Limoges, début janvier 1961. Une impression de déjà-vu : en effet, pour la seconde fois, en moins d'un an, Just Fontaine, à peine remis d'une double fracture tibia-péroné, s'écroula, blessé derechef à la jambe. Sa carrière est stoppée net ; il n'a que vingt-sept ans. L'artificier quitta à contrecœur les flancs de l'attaque qu'il occupa si bien à Nice puis à Reims. En matchs internationaux, il marqua trente buts en vingt sélections. Fontaine n'écrira plus de fables, balle au pied.

Rue des Archives-Paris France

Wisnieski, Lerond, Fontaine, Douis et Kaelbel, au temps de l'après Coupe du monde 1958.

> 1961 Ardennes

Le football des ouvriers de

1950, équipe de Sedan avec son capitaine et entraîneur Louis Dugauguez (2e à gauche, accroupi).

1965, Louis Dugauguez lors de la demi-finale contre le Stade français.

Le gardien Roman et ses defenseurs Czekaj et Kusmir au travail.

Moins frime qu'eux, c'est impossible

Les « Sangliers des Ardennes » se font remarquer, sur le plan national, contre l'OGC Nice, le 8 janvier 1950, en trente-deuxièmes de finale de la Coupe de France. Au bout d'une demi-heure de jeu, les Sedanais menaient 3-0. Les Azuréens, alors premiers de D1, se firent éliminer par l'équipe de division d'honneur du Nord-Est qui tombera en quarts de finale face à Reims (0-2). Pour remercier ses joueurs du beau parcours, le président sedanais offrit à chacun une montre-bracelet. « Les boulonniers de Vireux, les écroutiers de Revin, les forgerons de Gespunsart, les ardoisiers de Rimogne et Fumay, les cardeurs et fileurs de Sedan, les estampeurs de Braux et Nouzonville, les laboureurs des Hauts-Buttés, que d'heures ont-ils dû peiner, à suer sang et eau, pour payer le billet de l'autorail spécial à destination de Besançon », se souvient l'écrivain Yanny Hureaux, le greffier des exploits. Les footballeurs-ouvriers ont du cœur à revendre. À sept heures du matin, le lendemain de chaque match, tous les amateurs étaient à leur poste de travail, avec pelles, pioches et scies. Le leader du groupe, Louis Dugauguez, directeur commercial aux Draperies sedanaises, mérita ce commentaire de sa direction : « Son esprit d'initiative et d'organisation le classent comme chef de grande valeur. » Son parcours le conduisit jusqu'à la tête de l'équipe de France. Il entraînait tous les jours ses joueurs avec la rigueur professionnelle, réclamant une condition physique optimale. À vingt-deux heures, ils devaient tous aller au lit. Pas un seul ne rouspétait, ils étaient guidés par l'envie de vivre le mieux possible leur passion. En 1954, les Sedanais, toujours performants en Coupe, cédèrent en demi-finales contre Marseille (1-2). Les footballeurs-ouvriers

Roger-Viollet

Septembre 1953. Équipe de Sedan.
Debout : Dugauguez, Serek, D. Carpentier, A. Éloy, M. Oudard, Camberlain, Pascal Rozak, M. Laurant, Nagnan.
Accroupis : R. Carpentier, Olivier, C. Oliver, Cuenca, Mauduit.

Sedan

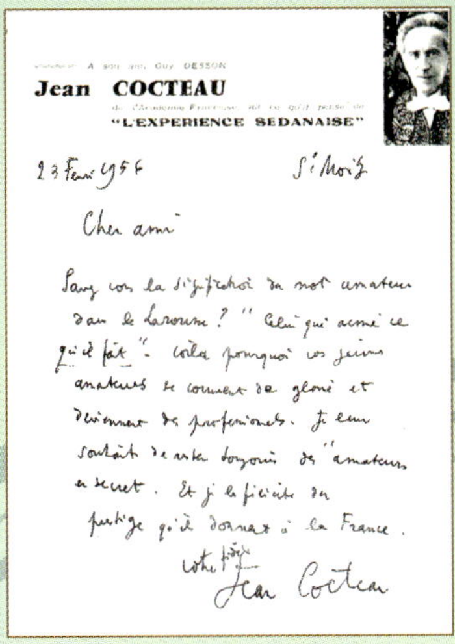
Jean COCTEAU
"L'EXPERIENCE SEDANAISE"

23 Fev 1956 St Moritz

Cher ami

Savez-vous la définition du mot amateur dans le Larousse ? "Celui qui aime ce qu'il fait". Voilà pourquoi vos jeunes amateurs se couvrent de gloire et deviennent des professionnels. Je leur souhaite de rester toujours des "amateurs en secret. Et je les félicite du prestige qu'ils donnent à la France.

votre fidèle

Jean Cocteau

Jean Cocteau félicite le député des Ardennes Guy Desson.

Les vainqueurs de la Coupe de France 1961.

venaient d'accéder à la D2. La valeur n'attendant pas le nombre des années, ils remportèrent le titre dès 1955. L'année suivante, Sedan fêta son accession en D1 et, faisant d'une pierre deux coups, le club des Ardennes gagna la Coupe de France 1956, devant Troyes (3-1), dernier de D1 condamné à la relégation. Cela n'enleva rien à leur joie et à la qualité de leur production. Ne restaient que Carpentier et Éloy de l'équipe de 1950; Dugauguez, trente-huit ans, entraînait à temps plein. Sedan devint professionnel sans révolution interne car le club avait une organisation de pro tout en conservant une mentalité d'amateur, dont l'étymologie contient le verbe « aimer ». Dugauguez rajeunit les cadres, en raison de la sanction de l'âge. On fit appel à des recrues dont Max Fulgenzy, qui renonça à sa nuit de noces pour suppléer un copain blessé! En 1955, la défense tiendra trente-neuf matchs de D2 sans connaître une seule défaite! Elle était composée du gardien Alex Rozak (électricien), de Daniel Carpentier (représentant), de Marcel Pascal (manœuvre textile), d'Albert Éloy (représentant), de Camberlain (inspecteur d'assurances) et de Christian Oliver (aide-chimiste). Leurs compagnons de l'attaque inscrivirent cent deux buts en trente-huit journées de championnat. Devenu international A, le buteur Célestin Olivier représentait bien cette génération de joueurs à l'énorme capital de sympathie: né à Oran, le pied-noir footballeur-ouvrier avait un tir puissant, du gauche comme du droit. Quand on le complimentait, il rétorquait: « Les kilomètres de coupons que j'ai charriés sur mon dos ou en charrette méritent d'être comptabilisés autant que mes buts! » Sur sa lancée, Sedan disputa deux nouvelles finales de Coupe avec toujours Fulgenzy dans son effectif. Vainqueurs de Nîmes en 1961, les Sedanais échouèrent en 1965 contre Rennes lors de la finale rejouée après le match nul initial. Depuis Arthur Rimbaud, personne n'avait plus fait autant parler des Ardennes que les joueurs en vert et rouge. Les entraînements dans les brumes matinales sur fond de prairies valaient le déplacement. L'atmosphère bon enfant persista avec les bons résultats. Marie-Claire, la fille du dirigeant Marcel Perrier, accompagnait son papa, au stade Émile-Albeau, où il faisait le speaker tout en rédigeant le compte rendu du match. À Sedan, vingt-sept mille habitants, tout le monde se connaissait. Devenue professeur de français, Marie-Claire fit la connaissance de Zacharie Noah, qu'elle épousa en 1959. L'arrière droit camerounais du club vainqueur de la Coupe 1961 était employé de bureau hors du terrain. Au lendemain de la victoire, le vainqueur défila dans les rues de Sedan avec dans ses bras leur fils de un an, Yannick, futur vainqueur de Roland-Garros en 1983. Les habitants de la modeste ville ne vont pas au stade comme au cinéma, mais plutôt comme à l'église tant ils communient avec leurs joueurs, qui les vengent d'être un département durement touché par les guerres de 1870, de 1914 et de 1939. Les gens d'ici n'ont pas l'impression mais la certitude qu'ils sont les oubliés de France. Il leur reste la forêt et ses étés flamboyants. Quand on parle de pluie, ils haussent les épaules et répondent avec des cèpes. Les fonderies de jadis ont fermé. Elles ont nourri pourtant beaucoup de voitures. La réussite des joueurs locaux leur a toujours mis du baume au cœur, sur le modèle anglo-saxon. Certains ont rang d'icônes, surtout ceux qui se sont hissés jusqu'en équipe de France: Pierre Bernard, José Broissart, Yves Herbet, Roger Lemerre, Synakowski Maryan, Pierre Michelin et Michel Watteau. Cahin-caha, malgré des descentes en divisions inférieures, Sedan se maintient dans le professionnalisme. Lors de sa visite à Sedan, en avril 1963, le général de Gaulle tint à féliciter les joueurs. Voir le maire n'aurait pas suffi à lui faire prendre la bonne température de la ville. Sedan a encore de beaux jours de football devant lui. Sedan, c'est « danse » en verlan…

8 mai 1961. L'arrivée de la Coupe de France dans les Ardennes.

Juin 1950. Dans *L'Ardennais*, Bendel caricature les champions de France amateurs. De gauche à droite : Maurice Laurant, Dugauguez, Roman, Nicolas, Kusmir, Czekaj, Sereck, Eloy, Martin, Robert Carpentier, Daniel Carpentier, Chrétien et Mathieu.

Pub près du stade de Liverpool.

Les années Beatles

Tout commence avec la victoire de Manchester United Football Club contre Benfica, double vainqueur de la Coupe d'Europe des champions. En quarts de finale de l'édition 1965-1966, les Portugais s'estiment contents de n'avoir perdu que 2-3 à Old Trafford et ils attendent le match retour avec confiance

Les favoris n'avaient plus de favoris que le nom. Dès le début de la rencontre, les quatre-vingt mille personnes ont compris que leurs chouchous allaient souffrir tant les Anglais semblaient accomplir une promenade de santé en faisant bien circuler le ballon. Au bout d'un quart d'heure, le préposé au tableau d'affichage ne savait plus où il habitait. Benfica : 0, Visiteurs : 3 !

George Best et Denis Law faisaient le spectacle, soutenus par Bobby Charlton et Nobby Stiles, effrayant avec sa bouche édentée. En cette année de Coupe du monde disputée en Angleterre, Manchester United (MU) se chargeait de battre le rappel de ses troupes. Devenus trop euphoriques après ce large succès, les Mancuniens cédèrent en demi-finales contre les Yougoslaves du Partizan Belgrade. Défaits 2 à 0 à l'extérieur, les Red Devils ne réussirent qu'à marquer un but au retour. Jamais une équipe de l'Est ne s'était retrouvée en finale de l'épreuve, qu'elle perdra face au Real Madrid. De leur côté, les Anglais durent patienter jusqu'au 29 mai 1968 pour assister à la victoire sans appel de MU sur Benfica, à Londres, devant cent mille personnes au paradis du foot. Les vainqueurs infligèrent un 4-1 aux Portugais exténués par des prolongations d'une intensité rarement atteinte. Best marqua à la quatre-vingt-treizième minute le but qui montra la voie à ses copains. Eusebio titubait au centre de Wembley tandis que Matt Busby laissait éclater sa joie, non sans penser aux amis morts dans le crash de l'avion, dix ans plus tôt. Bobby Charlton ne fêta pas la victoire le soir et alla se coucher : « Dix ans après la mort de tous mes amis, j'étais trop ému… » L'édition 1967 avait été marquée par le triomphe du Celtic Glasgow aux dépens de l'Inter Milan. Coup sur coup, le trophée qui n'avait pas encore quitté le sud de l'Europe

Sir Bobby Charlton, l'âme de Manchester United.

Duncan Edwards, George Best et Denis Law, trois atouts maîtres de Manchester United.

rebondit au nord. La suprématie latine cédait la place aux îles Britanniques. 1956-1966 a vu la prédominance du Real Madrid, Benfica Lisbonne, AC Milan, Inter Milan; 1967-1984 verra régner Celtic, MU, Feyenoord Rotterdam, Ajax d'Amsterdam, Bayern de Munich, Liverpool, Nottingham Forest, Aston Villa et Hambourg. En 1968, MU affronte en demi-finales le Real, alors que Benfica-Juventus décidera de l'autre finaliste. Les Anglais sont donc seuls contre tous… L'emportant 1-0 à Old Traford, ils réussissent un beau 3-3 à Madrid qui les envoie en finale.

Matt Busby a fait preuve de courage et de talent pour reconstruire un groupe après la perte de huit éléments essentiels, tous morts au seuil de la gloire du football. Le 6 février 1958, MU rentrait de Belgrade où elle venait de se qualifier pour les demi-finales de la Coupe d'Europe contre l'Étoile Rouge, 3-3, avec deux buts de Bobby Charlton, vingt ans, et un de Dennis Viollet. L'avion, arrêté à Munich pour faire le plein, n'a pas pu redécoller, à cause du mauvais temps… Ont péri lors de l'accident: le demi droit, Eddie Colman; le stratège Duncan Edwards; l'arrière gauche et capitaine Roger Byrne; l'avant-centre Tommy Taylor; le demi centre Mark Jones; l'inter droit Liam Whelan; l'arrière Geoff Bent et l'ailier gauche David Pegg. Les trois dirigeants Bert Whalley, Tom Curry et Walter Crickmer ont disparu avec les joueurs… Deux survivants de la catastrophe seront vainqueurs en 1968: Charlton, Bill Foulkes, avec bien sûr leur entraîneur Matt Busby, qui lutta quelque temps entre la vie et la mort. Au moment du sacre de Wembley, tout le stade pensa aux disparus à jamais dans le cœur des supporters de MU, ceux d'hier comme ceux d'aujourd'hui. Charlton et Law devinrent des références. Blessé, l'international écossais ne joua pas la finale. Law, joueur de jaillissement, avait le contact facile. Il méritait le prix Orange chaque saison en raison de sa sympathie jamais démentie. Le Ballon d'or 1964 débuta pro à quinze ans dans son pays natal avant de jouer à Manchester City puis à United, où il marqua deux cent soixante et un buts entre 1963 et 1971. Quand Law et Charlton se plaignaient, en riant, que Best ne leur donnait pas le ballon, celui-ci dégainait sa mauvaise foi: « Mais vous êtes toujours hors jeu! » Seul Best avait le secret de ce genre de réplique qui augmenta sa légende. Cette référence du football anglais aimait dire: « Dans la vie, j'ai dépensé beaucoup d'argent avec les filles, l'alcool et les voitures. Tout le reste, je l'ai gaspillé! » Il fut la proie des publicitaires et de la presse. Trop jeune pour dominer les à-côtés du sport, il fut dévoré par le vedettariat, tombant dans le piège de la facilité. Ne sachant pas dire « non! », George Best se prit pour George Best. Tant qu'il joua au football, il arriva à tenir son statut. Une fois à la retraite, il resta figé dans sa légende, entretenant celle-ci avec l'alcool au-delà du raisonnable. Le beau gosse, sûr de son talent, n'était pas tendre avec la nouvelle génération des Reds. Il fustigea la surmédiatisation de David Beckham: « Il ne sait pas jouer de la tête, n'a pas de pied gauche et ne marque pas souvent. À part ça, c'est un très bon footballeur… » Seul Cantona enflamma le Ballon d'or 1968 : « Si j'avais pu jouer avec lui à Old Trafford, je n'aurais jamais bu une goutte d'alcool. » L'autre versant du football anglais fut incarné par le Liverpool, quatre fois champion d'Europe, entre 1977 et 1984. Le drame du Heysel mit un terme à l'hégémonie anglaise (cinq ans de suspension au niveau européen) sans que les joueurs ne fussent responsables en rien de la barbarie des hooligans. Les deux premiers titres ont été gagnés avec l'entraîneur mythique Bob Paisley aidé sur le terrain par Keegan, en 1977, puis l'année suivante par Kenneth Dalglish et Graham Souness. On se demande encore pourquoi ces deux « guerriers » n'ont pas obtenu chacun un Ballon d'or.

PresseSports/L'Équipe

PresseSports/L'Équipe

>1968 Les années Beatles

Kevin Keegan a été le moteur de la réussite de Liverpool à la fin des années 1970. Il déployait une énergie incroyable pour s'imposer dans la surface de réparation, zone où il excellait. De manière inattendue, il signa ensuite à Hambourg. L'attaquant de poche appartient au gotha éternel du football mondial tant sa classe éclaboussa toute son époque.

Écusson de Liverpool.

Au vu des palmarès respectifs de ces deux Écossais, on reste admiratif tant ils ont collectionné les titres de champion, les Coupes d'Europe des champions et accessoirement les Coupes d'Angleterre. Dalglish ne pensait et ne vivait que pour le foot : « Boire, fumer, sortir, ce n'est pas mon truc. D'août à mai, je suis un moine du football. » En 1977, les Reds de Liverpool sortirent Saint-Étienne en quarts de finale en prenant le dessus sur les Verts (3-1) dans l'arène d'Anfied Road où quarante mille poitrails hurlaient : *You'll never walk alone*. L'ogre Liverpool finit sur sa lancée jusqu'à la victoire finale contre Mönchengladbach (3-1). Kevin Keegan démontra son engagement en toutes circonstances. Il incarnait la vitesse. À Liverpool, on l'appela le « Camion » pour mieux décrire sa férocité dès qu'il avait décidé de pénétrer dans la surface de réparation adverse. En 1977, Saint-Étienne se remettait difficilement de sa finale perdue l'année précédente contre le Bayern de Munich. On ne verra plus jamais les Verts à ce niveau. En revanche, Liverpool dominera encore deux fois tous ses adversaires sous la houlette de Joe Fagan, mais sans Keegan. L'attaquant de poche signa ensuite à Hambourg, où il ne se fit pas un aussi beau palmarès qu'avec les Reds, hormis ses deux Ballons d'or, en 1978 et 1979. Toujours prêt à évoquer ses grandes heures du passé, Keegan reste l'un des majestueux attaquants de l'histoire. Qui ne l'a pas vu balle au pied, sautillant avant de foncer vers la cage, n'a rien vu. La fidélité envers Liverpool est incarnée par l'enfant du pays Tommy Smith. À vingt ans, le défenseur remporte la première Cup du club, en 1965. Premier trophée d'une très longue série qui se terminera lors de la finale européenne de 1976, où son recours fut capital grâce à un but imparable de la tête. Lorsqu'il eut marqué son cinq cent quatre-vingt-dix-neuvième but disputé en compétition sous le maillot rouge, il choisit de s'arrêter de jouer sur ce succès. Après son jubilé, il décida de rejouer, ne pouvant s'empêcher de faire ce qu'il savait le mieux faire.

ImageForum

Le jeune Martin Peters dans la défense allemande, au cours de la finale de la Coupe du monde Angleterre-Allemagne (4-2), le 30 juillet 1966.

Roger-Viollet

La domination anglaise se poursuivit avec le doublé Nottingham Forest (1979, 1980). À partir de là, les Latins commencèrent à dire que les Anglais ne savaient que « balancer loin devant des ballons » selon le principe du *kick and rush*. Ils ne leur reconnaissaient que le *fighting spirit*. Douce plaisanterie. S'ils ne pratiquaient qu'un football insulaire, comment se fait-il qu'ils battent sans cesse leurs rivaux continentaux tels le Bayern de Munich, le Real Madrid ou l'AS Rome ? Il a fallu que l'UEFA (Union des associations européennes de football) exclue les clubs anglais des compétitions européennes, suite à la tragédie du Heysel, pour que l'horizon se dégage de nouveau pour leurs concurrents latins. Une fois qu'ils ont réintégré le giron européen, MU et Liverpool se sont rappelés à leur bon souvenir, en 1999 et en 2005 : deux des plus belles finales par leur caractère haletant et leur coup de théâtre final, si fréquent en Angleterre. Quand on aime le foot, on est forcément attentif aux Anglais. Peut-on aimer la littérature et faire l'impasse sur Shakespeare ? Les détracteurs du foot anglais l'accusent de n'être pas assez technique. Ils se gardent bien de dire que les Anglais sont les détenteurs de l'esprit du jeu. Les années passent, les joueurs s'en vont, mais la flamme du jeu perdure. La fin du XXe siècle a été marquée par la domination de Liverpool avec Ian Rush, dans les années 1980, puis par le Manchester transcendé par Éric Cantona. Avant que ce dernier s'impose en Angleterre, les Anglais déconsidéraient le football français, où seul Didier Six avait fait une discrète incursion. Depuis que Cantona a marqué le foot anglais de son talent, celui-ci ne cesse de solliciter les joueurs français qui inondent la Premier League. Cantona fut aussi un pionnier dans la publicité, où il excella, longtemps après les essais maladroits de Platini et de Papin. Le charisme de Cantona a été utilisé par plusieurs grands groupes industriels du sport et de l'agro-alimentaire. S'il est devenu acteur, ce n'est pas le fruit du hasard. Au XXIe siècle, tous les footballeurs l'imitent. Beaucoup sont devenus milliardaires alors qu'ils sont loin d'avoir son talent. Des joueurs dont on a oublié le nom ont été sacrés champions du monde en 1998 sans avoir rien prouvé. Lui a été éjecté des Bleus de manière injuste après avoir brillé à la pointe de l'attaque tricolore. Sa notoriété restée intacte prouve que le public ne l'a pas oublié et qu'il ne l'oubliera pas de sitôt. Il n'a pas eu besoin de gagner la Coupe d'Europe ou la Coupe du monde pour se faire un palmarès et une place dans le cœur des gens. Niveau constance, gagner cinq championnats et deux Cup en six ans passés en Angleterre est plus difficile que de remporter six matchs de suite en Coupe du monde. Éric Cantona s'est fait une place au soleil dans le football anglo-saxon alors que la FFF l'a abandonné sans aucune considération pour ce qu'il avait donné à la sélection nationale. Rien ne lui fut facile car tous les défenseurs anglais ne lui firent aucun cadeau. Élu meilleur joueur du Championnat d'Angleterre de tous les temps, Cantona n'est pas reconnu en France à sa juste valeur. Une valeur Or.

La statue de Matt Busby à l'entrée d'Old Trafford, le stade de Manchester United.

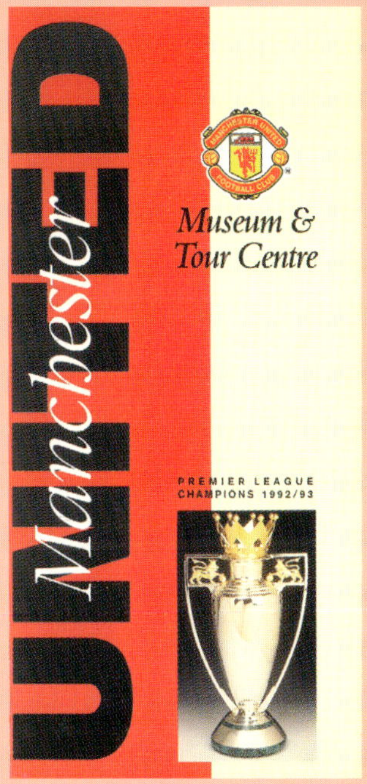

L'équipe d'Angleterre au cours d'un match de préparation contre le Danemark (2-0), en 1966. Debout : Ray Wilson, Jimmy Greaves, Paul Bonetti, Nobby Stiles, Bobby Moore, John Connelly. Accroupis : Alan Ball, Bobby Charlton, George Eastmann, Geoff Hurst et George Cohen.

ImageForum

> 1969 Marseille

Les tribulations de l'OM

La Canebière a toujours fait partie du football depuis le début du professionnalisme en France

ImageForum

L'Olympique de Marseille en 1938. Vice-championne de D1 et vainqueur de la Coupe de France contre Metz (2-1).

ImageForum

Cologne, 11 juin 1973. Tentative désespérée de Marius Trésor face à Wolfang Overath lors de la déroute (6-0) marseillaise contre Cologne.

Hormis dans les années 1950, l'OM a réussi dans chaque décennie à gagner au moins un trophée dans les compétions majeures, jusqu'à la fin du XXe siècle. Dans la décennie 1920, les Phocéens ont glané trois Coupes de France avec l'inter Édouard Crut, connu pour sa force de frappe et son franc-parler. Lors de la finale 1927, il répondit sèchement au président de la République, Gaston Doumergue. À cause de cet écart, le joueur victorieux fut exclu de l'équipe de France où il brillait, marquant six buts en huit sélections. Né en 1901, à Neuilly-sur-Seine, il avait la langue aussi bien pendue qu'un originaire du Midi.

Vainqueur du premier titre de champion de France remporté par l'OM, Mario Zatelli termina à la deuxième place du classement des meilleurs buteurs avec vingt-huit réalisations, en 1936-1937. Zatelli forma un duo de légende avec le Nord-Africain Emmanuel Aznar, qui marqua cent quarante-sept buts sous le maillot marseillais. Larbi ben Barek signa à vingt ans à l'OM, mais la guerre anéantit ses chances de se construire un palmarès.

Après Reims, Nice, Nantes et Saint-Étienne, ce fut au tour de l'Olympique de Marseille de dominer le championnat. Brillant en Coupe de France, avec sept victoires depuis 1924, le club perpétua la tradition en 1969 avec l'espoir de renouer avec un sacre en D1 qui lui échappait depuis 1948. Seuls deux titres de champion de France, ce n'était pas assez pour les Phocéens, qui rêvaient de devenir le cœur du football hexagonal. Ils avaient raison d'y croire avec les nouveaux conquérants Escale, Jules Zvunka, Jacky Novi, Roger Magnusson, Joseph Bonnel et Josip Skoblar. La coupe revenue sur la Canebière, ils partent à l'assaut de la D1, dont ils atteignent la cime en 1971 avec l'apport de Charly Loubet et de Gilbert Gress. L'année suivante, ils font le doublé en faisant signer le portier des Bleus, Georges Carnus, et le défenseur international Bernard Bosquier, transfuges de Saint-Étienne. On les accusa de fausser le championnat.

Les relations entre les présidents de l'AS Saint-Étienne et de l'OM faisaient des étincelles. Le cassant Roger Rocher s'obstinait à observer les pratiques d'alors, qui consistaient à avoir une caisse noire, et Marcel Leclerc avait son franc-parler pour embobiner le tout-venant. Ces deux hommes d'affaires avaient l'habitude des joutes, qu'ils pratiquaient dans leur métier d'origine. Fans de football, ils se sont donné les moyens de réussir à leurs risques et périls. Avec sa défense renforcée par Carnus et Bosquier,

l'OM avait réussi son coup de poker.
Charly Loubet avait des crochets courts et un coup de rein qui enchantaient le Vélodrome. À l'aile droite, le Suédois Roger Magnusson alignait dribble sur dribble malgré un poids inhabituel pour son poste. Son entente avec Josip Skoblar est dans tous les esprits. Même ceux qui ne les ont pas vus à l'œuvre en sont nostalgiques. Trois fois de suite meilleur buteur du Championnat de France, l'avant-centre yougoslave scora quarante-quatre fois la saison 1970-1971, dépassant de deux buts son homologue stéphanois Salif Keïta, l'autre pur-sang. Le premier Français au classement des canonniers était Jacky Vergnes, de Nîmes, vingt-sept buts… En 1972, les Verts terminent sixième, à douze points de l'OM. Skoblar parvint à se faire un nom aussi important que son prédécesseur des années 1950, dont tout Marseille était nostalgique : Gunnar Andersson, un chasseur de buts si redoutable qu'on l'appelait « Monsieur 50 % » et plus souvent encore « 10 h 10 » en raison de ses pieds en éventail. Il aimait faire des crochets courts avant de pénétrer en se penchant dans la surface pour frapper soudainement dans le petit filet opposé. La bête noire devint l'idole de Marseille, tout comme Skoblar. La fin tragique du Suédois à la recherche de son passé dans les rues de Marseille ne fait qu'ajouter à sa légende. Loubet repartit à Nice quand l'OM (1971-1972) essaya d'éliminer l'Ajax Amsterdam, en huitièmes de finale de la Coupe d'Europe. Pari impossible : la bande à Johan Cruyff ne fit qu'une bouchée des Minots au Vélodrome (1-4) devant soixante-quatre mille Marseillais bouche bée. Peut-on en vouloir à Neeskens et Haan d'être irrésistibles ? Le match Lucien Leduc-Stefan Kovacs tourna à l'avantage du sorcier roumain. Marcel Leclerc crut bon de se séparer de son technicien à l'entrée du printemps 1972 alors que l'OM se promenait en tête du championnat avec sept victoires, deux matchs nuls et deux défaites. Leclerc rappela aux affaires Mario Zatelli, avec lequel il avait retrouvé la D1 en 1965-1966. Ce changement n'était pas justifié et Zatelli bénéficia du travail de son prédécesseur, avec à la clé un doublé en fin de saison. L'année suivante, tout s'écroula. Les Marseillais ne passèrent même pas le cap des seizièmes de finales, tombant de haut face à la Juventus Turin (0-3). Éliminés de la Coupe de France en quarts de finale par Lyon, les Marseillais terminèrent à la troisième place du championnat.
Dans l'entourage de l'OM, on reprochait à Marcel Leclerc de n'écouter que lui, d'écarter tous ceux qui aimaient trop la liberté de penser et de régner au sein de subalternes afin de mieux diriger à sa guise. Lui rétorquait qu'il avait relancé le club quand personne n'en voulait. Il composa avec son comité directeur puis plaqua tout au début de l'été 1972. Ses proches évoquèrent un état de persécution : le grand enfant rompu au business n'était pas aimé à sa juste valeur. Bien qu'il ait conduit l'OM au sommet, il était jaloux de Saint-Étienne, qui se trouvait alors dans les petits papiers de la présidence de la République. Le président Pompidou avait un faible pour les Verts de Roger Rocher, comme toute la France, excepté Marseille. Lassé de voir sa bête noire avoir la préférence du pouvoir politique, il ne voulait plus se battre. S'ensuivra une longue traversée du désert. Il fallut attendre la présidence de M. Carrieu pour revoir de nouveau au premier plan l'OM, qui remonta en D1 en 1985. Ensuite, ce fut une autre histoire.

ImageForum

Équipe de Marseille, 17 juin 1971. Debout : Zvunka, Kula, Hodoul, Novi, Lopez et Escale. Accroupis : Magnusson, Bonnel, Gress, Skoblar et Loubet.

ImageForum

Ici en octobre 1969, Charly Loubet reste l'un des meilleurs ailiers de débordement du foot français. L'international fit les beaux jours de Nice et de l'OM.

PresseSports/L'Équipe

ImageForum

L'attaquant Jaïrzinho fut porté en triomphe après la remise du trophée de la Coupe du monde 1970 gagnée par le Brésil contre l'Italie (4-1), au Mexique.

Le Brésil de légende

Encore le Brésil. Toujours le Brésil. Pelé ne manqua pas son ultime rendez-vous avec l'histoire. En 1958, il s'affirma sur le tard de la compétition, et de quelle manière !

En 1962, victime d'une élongation à la cuisse, il quitta si tôt ses partenaires qu'on lui attribua la victoire finale pour le remercier des services rendus précédemment. En 1966, le Portugais Eusebio, la « Perle du Mozambique », lui vola la vedette en battant l'URSS de Yachine lors du match de la troisième place. En 1970, il se montra à la hauteur des événements, sous peine d'écorner définitivement son image de roi du football.

Pour son dernier sacre, Pelé fait le carton plein : six victoires en six matchs. Le rêve des rêves a été atteint par la plus grande équipe de tous les temps : Félix, Carlos Alberto, Brito, Piazza, Everaldo, Clodoaldo, Gerson, Jaïrzinho, Pelé, Rivelino, Tostão. Tout ce beau monde était managé par Mário Jorge Lobo Zagallo, déjà détenteur des Coupes du monde 1958 et 1962, au poste d'ailier gauche. Sa manière de jouer consistait à repiquer au milieu de terrain pour entraîner à lui son « chien de garde », libérant un boulevard pour l'association des bienfaiteurs Pelé, Garrincha, Vava, Didi et princes consorts. Adepte du 5-3-2 amovible en 4-2-3-1, l'ancien joueur de Flamengo et de Botafogo prônait le beau jeu, à mille lieues du déploiement de force physique. Le ballon courant plus vite que n'importe quel sportif, fût-ce un sprinter.

Le « professeur » voulait gagner avec l'art et la manière. Une victoire sans panache lui laissait un goût d'inachevé. La cuvée 1970 combla sa soif de brio. Contre l'avis de beaucoup de journalistes brésiliens, Zagallo associa deux têtes pensantes : Pelé et Tostão, futur médecin. De leurs étincelles communes jaillit la lumière auriverde éclairant le Mondial. Les arrières latéraux montaient

Giacinto Facchetti, le remarquable arrière italien, contient Jaïrzinho sur cette action de Brésil-Italie d'anthologie du 21 juin 1970.

ImageForum

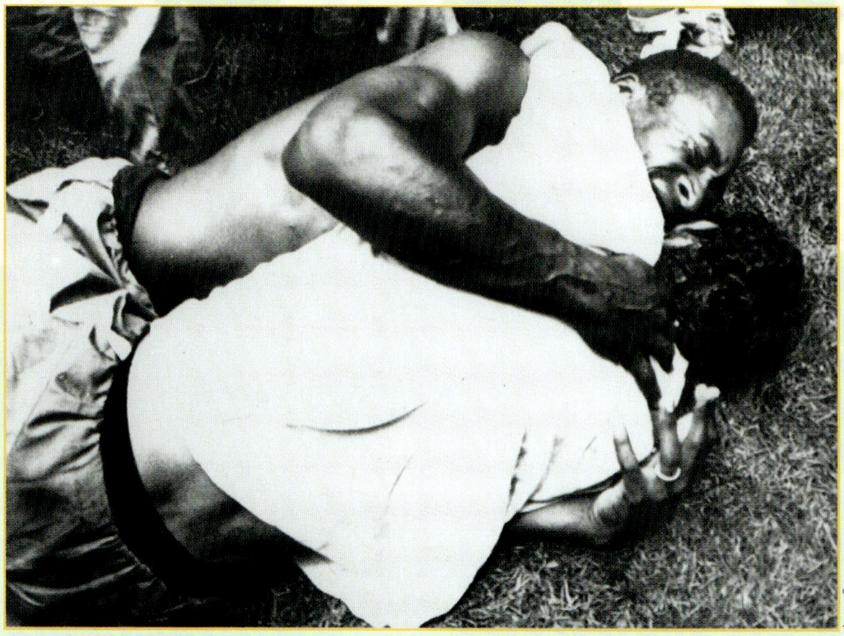

ImageForum

Pelé et Gerson laissent éclater leur joie après le troisième sacre mondial du Brésil, à la fin de Brésil-Italie.

Roberto Rivelino fut un des plus grands gauchers de la planète football.

Gerson appartient au milieu de terrain historique du Brésil 1970, avec Tostão, Pelé et Rivelino.

Jaïrzinho a aussi enflammé le stade vélodrome de Marseille sous le maillot de l'OM.

souvent en surnombre et Gerson était la plaque tournante de la méthode Zagallo. Il ne payait pas de mine avec sa calvitie, mais quelle *vista*! D'une simple caresse sur le cuir, il impulsait une attaque déterminante. Le cerveau, c'était lui. En finale, contre les Italiens, il marqua le deuxième but si important, suite à l'égalisation de la Squadra Azzurra. Pelé ouvrit la marque d'un coup de tête bazooka, s'élevant haut et frappant fort. Au Mexique, il va marquer les esprits avec trois moments magiques : depuis le rond central il tenta un lob sur Viktor, le gardien tchécoslovaque avancé, qui vit le ballon frôler le dessus de la transversale ; contre l'Angleterre il réalisa une parfaite tête piquée arrêtée par Gordon Banks ; et il fit un grand pont sur le goal uruguayen Mazurkiewicz pour tenter un tir croisé que tutoya le montant du mauvais côté. Ces trois tentatives resteront gravées dans la mémoire collective. Pelé réussit même ses ratages. Concernant l'arrêt de Banks, les journalistes lui demandèrent : « Vous aviez cru marquer ? » Et lui de rétorquer : « Mais j'ai marqué ! Et Banks a arrêté mon but… »

Sur la ligne d'attaque, Jaïrzinho avait une détermination rarement vue chez un Brésilien. Sur le flanc opposé, Roberto Rivelino, le gaucher moustachu, fut baptisé le « Pistolero » à force de frapper au but d'un tir canon. Au Maracanã, on l'a vu marquer un lob de plus de cinquante mètres. Avec le recul, l'esthète et théoricien Tostão résuma le secret de ce groupe de 1970 : « Nous pulvérisions les défenses en misant sur la maîtrise de la balle plus que sur la vitesse perpétuelle. » Habile avec les mots comme avec le ballon, Tostão sait aussi bien parler football que Malraux de peinture. L'équipe du Brésil était si offensive qu'on disait qu'elle aurait pu se dispenser de gardien. Félix n'était pas plus sollicité qu'un peigne par un chauve.

La victoire du Brésil intervint devant une grande génération d'Italiens (Facchetti, S. Mazzola, Rivera et Riva). Le succès brésilien n'en est que plus beau. 4-1… Le quatrième but fut un moment de grâce : après une accélération de la Seleçao, Pelé hérita d'un ballon. Le « Roi du football » marchait devant des adversaires réduits au rôle de figurants. À vitesse réelle, cette action semble être un replay. Sans se retourner, le numéro 10 servit un « caviar » à Carlos Alberto, qui, d'un tir croisé, ne laissa aucune chance au gardien. Ce fut une offrande à son capitaine. Cette quatre-vingt-septième minute est dans la tête de tous les esthètes du ballon : elle vaut une réplique de Gabin signée Michel Audiard. Inoubliable.

Trois fois vainqueur de la Coupe du monde Jules Rimet, le Brésil conserva pour toujours le trophée qui partit de Villefranche-sur-Mer pour l'Uruguay, quarante ans plutôt. Des voleurs déroberont la Victoire Ailée, qui ne bénéficiait pas d'une protection adéquate au siège de la Confédération brésilienne de football. La statuette sur socle en lapis-lazuli serti d'or, sur lequel étaient gravés les noms des neuf premiers vainqueurs, fut retrouvée avant d'être volée à nouveau par une bande de malfrats. Selon l'enquête judiciaire, la coupe Jules Rimet a été fondue par un orfèvre argentin pour pouvoir être écoulée sur le marché clandestin.

Le capitaine des Auriverde Carlos Alberto soulève la coupe Jules Rimet, après le triomphe brésilien de 1970 face à l'Italie. La coupe restera définitivement au Brésil car la Seleçao la remporta trois fois.

> 1971

La galaxie Cruyff

On était tous hollandais avec lui. Comme on était tous brésiliens avec Pelé et Garrincha. Dès qu'un enfant touchait un ballon, il s'écriait : « Maman ! Maman ! Regarde, je suis Cruyff ! »

ImageForum

Le sensationnel Johan Cruyff fut non seulement le héros de la Hollande mais l'idole du monde entier. Il a été footballeur comme on est peintre, écrivain, musicien ou danseur. « L'artiste c'est le cerveau », a dit Auguste Rodin. Cruyff avait toutes les qualités pour devenir champion du monde mais les Allemands brisèrent son rêve lors de la finale 1974.

ImageForum

Johan Neeskens, dit Johan II, ouvrit le score sur penalty dès la première minute de la finale de la Coupe du monde 1974, contre la RFA. Quatre-vingt-neuf minutes plus tard, les Allemands enlevèrent le titre chez eux alors que le reste de la planète football avait fait des Hollandais leurs chouchous.

L'actualité du cinéma et celle du foot se sont télescopées en 1971 par le biais de l'Ajax d'Amsterdam et du film de Stanley Kubrick d'après le roman d'Anthony Burgess, *Orange mécanique*. Comme les Hollandais jouaient avec un maillot de cette couleur, on ne cessa d'associer leurs prestations au nom du film sur la violence urbaine gratuite. Le style de l'Ajax était pourtant à l'opposé de cette banalisation de la cruauté. À cent quatre-vingts degrés du chef-d'œuvre sur l'air du temps, la bande à Cruyff développa le « football total » prisé par Rinus Michels, sorcier taciturne de quarante-trois ans. Un lieu commun consiste à dire : « La meilleure défense, c'est l'attaque… » De ce précepte le coach néerlandais tira une martingale : « Il faut défendre et attaquer tous ensemble dans un mouvement de vagues successives. » Le flux et le reflux vont s'étendre sur la Hollande puis sur l'Europe avec le surfeur Johan Cruyff qui respirait l'intelligence avec ou sans ballon. Son débit de paroles semble toujours vouloir aller au moins aussi vite que sa pensée. Sa juvénilité fait songer à celle de François Truffaut.

Comme tous les grands footballeurs, Cruyff alliait audace, combativité, esprit de décision, improvisation, réflexion, force, roublardise, équilibre, sensibilité, technique, charisme, autorité, endurance, courage et… grâce bien sûr. Le football ne demande pas moins de qualités à un footballeur que la peinture et la musique n'en réclament à un peintre et à un musicien. L'allégresse de l'Ajax fut communicative à l'ensemble des amateurs de foot, dont le cercle s'agrandit soudain tant Cruyff et ses partenaires diffusaient la joie de vivre. Les Beatles séparés, les jeunes avaient besoin de modèles. Ils les trouvèrent plus chez l'Ajax qu'auprès des Pink Floyd ou de Deep Purple. Jamais avant l'Ajax les jeunes n'avaient pu s'identifier à onze footballeurs. « Ils sont comme nous ! » disait-on. Des cheveux longs mais pas d'idées courtes.

En France, en Italie, en Angleterre, partout on ne parlait plus que de lui. Son nom était toujours déformé : Cruift, Cruyft, Cruijff ou encore Cruif. Il avait un jeu aussi limpide que son nom était compliqué. Il remporta son premier sacre européen à vingt-quatre ans, puis en a mis deux autres dans sa hotte avec neuf titres de champion de Hollande. Il faudrait un magasin de vitrines pour ranger tous ses trophées. La Coupe du monde 1974 lui échappa de manière inattendue tant sa légion était donnée favorite. Après avoir ouvert le score dès la première minute sur penalty par Neeskens – suite à une percée assassine de Cruyff – les Hollandais ont perdu 1-2 devant une équipe qui, à y regarder de près, est l'une des plus belles de toute l'histoire de l'Allemagne, avec l'inévitable Franz Beckenbauer, l'un des footballeurs les plus élégants. Balle au pied, le regard à l'horizon, il avait l'air d'un amiral sur un vaisseau impérial.

Ses marins avaient pour noms : Sepp Maier, Berti Vogts, Paul Breitner, Uli Hoeness, Wolfgang Overath, Rainer Bonhof et Gerhard Müller. Il fallait qu'ils soient très forts pour empêcher de s'exprimer Wim Suurbier, Rijsbergen, Wim Van Hanegem, Arie Haan, Reuid Krol, Johan Neeskens, Johnny Rep.

Le football se joue à vingt-deux...

Personne n'était pour l'Allemagne, à part l'Allemagne. La défaite des Hollandais rendit tristes des millions de gens qui voulaient voir récompenser l'amour du jeu. Les empêcheurs de tourner en rond mirent fin au rêve collectif, alors que la Hollande avait sorti du tournoi l'Argentine et le Brésil. Et Gary Lineker fit un aphorisme digne de George Bernard Shaw : « Le football se joue à vingt-deux, mais c'est toujours les Allemands qui gagnent... » Cruyff tombait de haut. Comme Puskas. Les Allemands se suivent et se ressemblent. Le talent a mis le génie sous l'éteignoir. Les meilleurs ne gagnent pas toujours. Telle est la cruelle beauté du foot. Ce n'est pas faute d'avoir commandé ses équipiers, de la voix et du geste. Une fois n'est pas coutume : Cruyff pécha par orgueil. Après l'ouverture du score, au lieu d'appuyer sur l'accélérateur, les Hollandais firent la passe à dix pour humilier l'arrogance légendaire des Allemands devant leur public, à Munich. Le gardien Jongbloed ne portait pas de gants, comme pour dire qu'il ne craignait pas le « bombardier » Müller. C'était sans compter sur le réalisme germanique qui n'abdique pas si facilement. L'obscur Vogts se moqua éperdument du match : il ne s'occupa que de son « client ». L'obscur restera non pas comme celui qui gagna la Coupe du monde mais comme celui qui empêcha Cruyff de la remporter.

Meurtri, l'ex-minime de l'Ajax jura de ne plus jamais disputer un Mondial. On ne le revit donc pas en 1978, laissant à trente et un ans la Hollande se qualifier pour la finale perdue cette fois contre l'Argentine de Mario Kempes. Qu'importe, Cruyff appartient au patrimoine mondial. Il semblait poussé par l'urgence, celle qui le faisait accélérer au moment le plus improbable pour le commun des mortels. Son père, foudroyé par une crise cardiaque, ne vit donc pas cette « perception électronique » du jeu, selon l'expression idoine de Krol. Cruyff fit oublier les années catenaccio made in Italia. On renouait avec le souffle de l'esprit du Wunderteam et du Onze d'or. Devenu entraîneur au FC Barcelone, il imprima sa vision du jeu offensif aux Catalans et inspira une nouvelle génération à son pays : Robbie Rensenbrink, Ruud Gullit, Marco Van Basten et Patrick Kluivert. Il était auprès d'eux ce que fut Miles Davis pour Chick Corea, Herbie Hancock et Mike Stern. Un formateur hors pair.

Au Barca, il assuma son rang de joueur puis d'entraîneur avec ce qu'il fallait de succès espagnols et européens. Il ne dérogea pas à sa philosophie du football champagne. Vivant avec le stress perpétuel de celui qui cherche la perfection, son cœur le lâcha le 26 février 1991. Tel père tel fils. Si son paternel resta sur le carreau, on sauva Johan. Le fumeur invétéré troqua sa clope contre une sucette Chupa Chups dont il devint inséparable. Il fit une campagne antitabac comme hier Yul Brynner. Il jonglait avec un paquet de cigarettes qu'il envoyait valdinguer.

Cruyff n'a pas eu besoin de gagner la Coupe du monde. On savait que personne d'autre mieux que lui ne la méritait. Ce leader parlait au nom de tous, car il ne gagnait pas tout seul. Le rebelle avait la sagesse des gens qui ont du bon sens. Droit au but. Les statisticiens en savent quelque chose : M. Johan Cruyff a marqué trois cent soixante-quatre buts en six cent trente-cinq matchs sans compter les trente-trois en quarante-huit sélections. « Un match, c'est une fête. Pas des funérailles. » Voilà du Cruyff dans le texte. Buteur ou défenseur, l'orphelin était devenu professionnel à seize ans pour 75 euros par mois : « Je n'avais que mes deux jambes pour m'en sortir. Je n'ai jamais oublié. » Nous non plus. Alors que tous les joueurs portaient un numéro de 1 à 11, lui arborait le 14. Il avait raison. Il comptait au moins pour trois. D'ailleurs, on lui a remis trois Ballons d'or.

Dans les vestiaires, il voulait des loups. Rimbaud rêvait d'écrire en marchant. Cruyff, lui, écrivait en courant. Ce joueur étincelant n'a pas voulu devenir président de la FIFA, alors qu'il en avait la carrure. Il a bien mérité le repos du lévrier. Son fils Jordi est devenu professionnel, mais le talent n'est ni héréditaire ni contagieux. La classe ne se transmet pas comme une étude de notaire.

Une foule immense accueille l'Ajax d'Amsterdam, le 3 juin 1972 au théâtre municipal d'Amsterdam, après sa victoire de la Supercoupe d'Europe contre l'Inter Milan. Au centre, souriant, la star du football néerlandais, Johan Cruyff, porte victorieusement la coupe. Élu Ballon d'or en 1971, 1973 et 1974, Cruyff est considéré comme l'un des meilleurs joueurs de tous les temps.

ImageForum

La famille des stratèges

Une étreinte entre Roger Piantoni et Maryan Wisnieski pendant la Coupe du monde 1958.

Roger Piantoni (1931)

Le gaucher d'origine italienne fut l'un des principaux artisans de l'épopée de la France sous l'ère de Paul Nicolas, qui connut son apogée avec la troisième place lors de la Coupe du monde 1958. Installé en Lorraine avec sa famille, il débuta au FC Nancy avant de rejoindre l'élite de sa génération au stade de Reims. Doté à la fois du *killer instinct* du buteur et de la vivacité du dribbleur zélé, l'attaquant était un hybride de Fontaine et de Kopa. Vu ses dons, on l'accusait d'être lymphatique dès qu'il ratait une passe. À la vérité, tous les grands joueurs peuvent parfois sembler lents car ils conservent le ballon plus longtemps que les autres.

Juan Alberto Schiaffino (1925-2002)

L'Uruguayen appartenait à la sphère de ces joueurs, tels Hiden, Jordan, Di Stefano, Sivori, Altafini ou Puskas, qui ont joué sous deux maillots nationaux différents. Après trente sélections au bénéfice de l'Uruguay, il honora à quatre reprises la Squadra Azzurra. Il ne fallait pas se fier à son apparence frêle, qui était aux antipodes de sa robustesse. L'homme de fer avait pour bagages la dextérité, l'endurance, la volonté et le courage. L'inter gauche, docteur ès coups francs brossés, remisa ses jonglages au vestiaire pour devenir champion du monde 1950, au Maracanã. En Italie, il remporta trois fois le Campionato di calcio à la fin des années 1950, avec l'AC Milan.

Enrique Omar Sivori (1935-2005)

Avec Giampiero Boniperti et John Charles, l'Argentin fut l'animateur de la Juve championne d'Italie 1958 et 1961. Ses dribbles chaloupés annonçaient une frappe qui tapait souvent dans le mille. Au rayon des *cannonieri*, il a toujours mis plus de vingt buts lors de ses meilleures saisons. Le héros de la « Vieille Dame » envoya le ballon sur le visage de Helenio Herrera, lors d'un Inter Milan-Juventus, parce que l'entraîneur des Intéristes l'injuria sur le bord de la touche. Ce geste augmenta encore plus sa cote auprès des tifosi de la Juve. On l'a toujours pris en flagrant délit de talent. Son savoir-faire fut récompensé par le Ballon d'or 1961.

Le regretté Juan Alberto Schiaffino inscrivant son but face au portier brésilien Moacyr Barbosa lors de la finale 1950, au Maracanã, où l'Uruguay devint champion du monde, vingt ans après son premier titre mondial, créant une véritable catastrophe nationale au Brésil, battu 1-2 dans son jardin.

Feu Enrique Omar Sivori, star argentine du calcio des années 1960.

Wolfgang Overath (1943)

Il faisait des ouvertures lumineuses de 30 mètres dans les pieds d'un partenaire qui mettaient dans le vent les défenses adverses prises de vitesse. Remontant la pelouse, balle au pied, il semblait porter le smoking sur les marches de l'ancien palais du Festival de Cannes. Ses trois participations à la Coupe du monde forment un enviable tiercé: premier en 1974, deuxième en 1966 et troisième en 1970. Joueur patenté du FC Cologne, il conféra à son club une dimension nationale puis européenne. D'une telle évidence que les ténors du Bayern de Munich lui firent une grande place dans l'équipe de RFA, où il joua quatre-vingt-une fois.

Rachid Mekhloufi (1936)

Son football inventif tapa dans l'œil de Jean Snella qui le fit venir à Saint-Étienne. Pari réussi: en 1957, les deux hommes offrirent aux Verts leur premier titre. Mekhloufi, vingt et un ans, devint la même année champion du monde militaire, à Buenos Aires, devant l'Argentine (0-5). Au moment de la guerre d'Algérie, il rejoignit son pays natal pour intégrer une équipe représentant le Front national de libération. Ensuite, il revint en France pour le plus grand bien des Verts, qu'il reconduisit au sommet. Le contrepied était la base de son vocabulaire.

Joseph Ujlaki (1929-2006)

En cinq saisons à l'OGC Nice, il gagna la Coupe de France 1954 et le Championnat de France 1956. Il estimait que sa technique le dispensait de courir comme un dératé. Il éclatait de rire quand on l'accusait d'inconstance. Spécialiste des dribbles avec le ballon décollé du sol, il fabriquait de la beauté. Le refus de se fondre dans un moule l'éloigna des Bleus, qui ont plus perdu que lui. Habile de la tête (à la différence de Kopa), du droit et du gauche, des frappes en action ou sur balle arrêtée, le cabochard Ujlaki avait un infaillible don d'anticipation. En dix-sept saisons au plus haut niveau, il a marqué cent quatre-vingt-dix buts. L'OGC Nice et le Racing Club de Paris lui doivent beaucoup de leur renommée.

Günter Netzer (1944)

Le champion d'Europe des nations 1972 fut écarté du onze de la RFA au bénéfice du diplomate Overath. Son caractère autoritaire se heurta à celui du « Kaiser » Beckenbauer qui ne voulait pas que le milieu de terrain de la Mannshaft fût encombré de fortes personnalités. Un quatuor de créateurs eût été néfaste. Il fallait l'équilibrer avec des « essuie-glaces » ayant l'obsession de détruire le jeu d'en face. Double champion d'Espagne, il ravissait les Madrilènes, qui n'en revenaient pas de savoir que leur héros chaussait du 47 pour tirer de loin des missiles.

ImageForum

Wolfgang Overath a éclairé l'Allemagne par sa vision du jeu. Il avait le troisième œil.

Rue des Archives-Paris France

Rachid Mekhloufi, patron de l'attaque stéphanoise de la grande époque, fut célébré comme il se doit par les supporters des Verts après Bordeaux/Saint-Étienne où il marqua deux buts, le12 mai1968.

ImageForum

Gunther Netzer, un rebelle surdoué du football allemand.

>La famille des stratèges

L'attaquant du PSG Safet Susic en action lors de la finale de la Coupe de France remportée 3-2 face au FC Nantes, le 11 juin 1983.

ImageForum

Safet Susic (1955)

Comment prendre le ballon à un tel prestidigitateur ? Les enfants qui ont découvert le football à travers ses arabesques effectuées au Parc des Princes dans les années 1980 ont été vaccinés à la classe de l'école yougoslave. Campé sur des jambes de laboureur, il était plus proche des dentellières de Venise que des paysans de Zavidovici. Le technicien s'amusait à embarquer un adversaire à droite puis repartait en sens inverse dans un rond central quand une ouverture eût été plus bénéfique pour l'équipe.

Le jeune Piantoni porté en triomphe par les cadets de Lorraine en 1948.

Théodore Szkudlapski dit « Théo » (1935-2006)

Avec Yvon Douis et « Loule » Cossou, il fit briller l'ASM après l'abdication de l'OGC Nice. Né à Avion, il planait sur son équipe malgré sa surcharge pondérale. Le gaucher jouait le nez en l'air, sachant au millimètre près où se trouvait le ballon. Le regard sur la ligne blanche de la cage opposée, il effaçait les soldats de plomb qui s'illusionnaient à essayer de stopper sa marche triomphale.

Luís Suárez (1935)

Faut-il être brillant pour obtenir le Ballon d'or 1960 après Kopa et Di Stefano et avant... Puskas, qui, lui, ne l'aura jamais ! Il fut le cerveau de l'Inter Milan où il devint champion d'Europe des clubs 1964 la même année qu'il remporta le titre de champion d'Europe des nations avec l'Espagne. L'entraîneur Herrera fit appel à Suárez pour utiliser le moindre ballon juste au-dessus de sa défense verrouillée appliquant le principe du catenaccio.

D'origine hongroise, Joseph Ujlaki était pétri de classe internationale dont ont bénéficié les Bleus, l'OGC Nice et le Racing Club de Paris.

Ballon d'or 1960, l'Espagnol Luís Suárez illumina de sa *vista* le FC Barcelone, l'Inter Milan et sa sélection nationale.

ImageForum

Enzo Francescoli (1961)

Ce romantique aurait pu devenir le nouveau héros du Racing Club de Paris lors de sa renaissance. Alors que d'habitude Jean-Luc Lagardère choisit les bonnes personnes pour chaque domaine, industriel, médiatique ou sportif, cette fois il n'a pas fait bonne pioche. Hormis les dribbles chaloupés de l'Uruguayen, il n'y avait rien à voir au Parc des Princes. Il eût fallu qu'il se fasse des passes à lui-même pour espérer s'épanouir au Matra Racing.

Michael Laudrup (1964)

Prototype du joueur moderne adepte de la mobilité, le Danois joua à la Juventus Turin, à Barcelone, à Madrid et à Ajax. Difficile d'avoir plus belles adresses, avec une pluie de trophées. Au cours de sa carrière, il passa plus de temps sur le terrain qu'à soulever de la fonte dans les salles de musculation. Son frère Brian aussi. Michael Laudrup épousait bien le football d'après la méthode Cruyff. Le plaisir sur fond de courage.

Roberto Baggio (1967)

Au Mondial 1990, il démarra en trombe, marquant un but qui fera le tour du monde tant il montrait la pugnacité et l'aisance technique de ce joueur hyperintelligent. Baggio marqua 27 buts en 56 sélections et 205 en 452 matchs en Série A. On a manqué de respect à ce joueur racé qui a répondu sur le terrain, amassant les trophées et tirant sa révérence non sans jouer quatre très bonnes saisons à Brescia.

Giovanni dit « Gianni Rivera » (1943)

Ce joueur au profil d'aigle lisait le jeu quand les autres en étaient encore à enregistrer les paramètres de l'action en train de se dérouler. Bon dans tous les secteurs, il marqua 127 buts en 514 matchs. La sélection l'engagea à dix-huit ans pour ne plus le lâcher, participant à quatre Coupes du monde, entre 1962 et 1974, sans en gagner une seule. Sa sagesse lui permettait d'être audacieux sans risquer d'être ridicule. Rivera est le prototype du joueur à la fois doué et intelligent.

ImageForum

Roberto Baggio savoure ses deux buts marqués contre la Bulgarie (2-1), le 13 juin 1994, qualifiant l'Italie en finale du Mondial aux États-Unis. Sa technique et sa vision de jeu formaient la signature de son immense talent.

ImageForum

Beau contrôle de la poitrine de l'Uruguayen Enzo Francescoli contre l'Espagne, lors du Mondial en Italie, en 1990. Le joueur fut le seul modèle reconnu par Zinedine Zidane, qui a baptisé Enzo l'un de ses quatre fils.

L'Italien Gianni Rivera alliait élégance et efficacité. Il voyait le jeu plus vite que les autres. La classe et la grâce émanaient de sa présence.

ImageForum

> 1976

La saga des Verts

Les Stéphanois ont eu le mérite d'éveiller l'intérêt du football auprès des Français. Auparavant, les Rémois n'avaient pas bénéficié de l'impact de la télévision

Dominique Rocheteau couvé du regard par son entraîneur Robert Herbin, à l'époque des grandes heures des Verts.

À chaque match, le président Roger Rocher rongeait sa pipe sur le banc des entraîneurs, col de pardessus relevé, guettant le but libérateur pour exploser, à côté du coach Robert Herbin, surnommé le « Sphinx ». L'imperturbable entraîneur, formé à l'exigeante école de Jean Snella et d'Albert Batteux, pensait toujours à l'action suivante. Le « mariage » Herbin-Rocher, c'était l'eau et le feu. Le président œuvrait en coulisses avec des dessous-de-table pour faire signer X ou Y. Jamais avant les Verts un club n'avait réussi à compter des supporters hors de ses bases. Les Français se passionnèrent pour les rencontres européennes dans le chaudron du stade Geoffroy-Guichard à l'ambiance surchauffée à la britannique. L'ancien joueur Herbin, qui passait de la défense à l'attaque en un rien de temps, communiqua son savoir-faire à Yvan Curkovic, Oswaldo Piazza, Dominique Bathenay, Jean-Michel Larqué et Dominique Rocheteau. Avec sa dégaine de musicien, ce dernier attira un nouveau public. Les femmes rêvaient d'être avec lui et les garçons le voulaient pour copain. On l'appela l'« Ange vert » pour son plus grand déplaisir, car il n'est pas aussi lisse qu'on le dit. Les grands joueurs ont tous du caractère. N'empêche, il ne ripostait jamais aux défenseurs qui ne cessaient de lui administrer des coups. Il avait choisi le camp du pacifisme et de l'intelligence. L'attaquant dribblait l'adversaire de manière frontale et tirait à la moindre ouverture. Tantôt ailier droit tantôt avant-centre, l'altruiste régala l'assistance avec des crochets courts. Il entra dans l'imaginaire pour ne plus jamais en sortir. Il semblait s'échapper de l'Ajax, mi-Neeskens mi-Jim Morrison. Au lieu de se contenter d'être à la mode, il incarnait la modernité. En défense, Piazza tenait bien la maison, faisant le ménage avec soin et portant des attaques tranchantes. L'Argentin, adepte des chevauchées, n'avait pas besoin de tacler pour récupérer les ballons : il interceptait la balle et repartait en sens inverse. Piazza accepta de jouer défenseur central à la condition de rester libre d'attaquer. Herbin lui donna le feu vert. L'équipe bénéficiait de la fougue de Piazza, de la rigueur du goal Curkovic et d'un mélange des deux avec Rocheteau. Avec quatre titres et trois Coupes, Herbin a rejoint le gotha des grands entraîneurs, frôlant l'Everest du football européen qui

ImageForum

L'équipe des Verts pose le 12 mai 1976, avant de disputer la finale contre le Bayern de Munich, lors de la Coupe d'Europe à Glasgow. De gauche à droite : Larqué, Curkovic, Schaer, Repellini, Sarramagna, Lopez, P. Revelli, H. Revelli, Rocheteau, Bathenay, Santini, Synaeghel, Piazza, Castaneda et Herbin.

Georges Bereta et Salif Keïta lors de la rencontre Marseille/Saint-Étienne le 19 novembre 1972.

PresseSports/L'Équipe

Les Verts fêtent leur victoire en finale de la Coupe de France, le 31 mai 1970, après avoir battu 5-0 le FC Nantes, sous les yeux de leur président Roger Rocher souriant (à gauche). Georges Bereta, Robert Herbin, Jean-Michel Larqué, Georges Carnus et Salif Keïta sont parmi les heureux.

La France du football n'ayant rien gagné au niveau international, les Verts, pourtant battus par le Bayern de Munich, en finale de la Coupe d'Europe des champions, ont défilé sur les Champs-Élysées le 13 mai 1976. Les deux Dominique, Rocheteau et Bathenay, étaient encore marqués par la désillusion.

consiste à gagner le titre européen suprême. Ce ne sont pas les tentatives qui ont manqué ni les morceaux de bravoure. Par exemple, le quart de finale, Saint-Étienne/Dynamo Kiev (3-0) de 1975-1976, gagné dans les prolongations. Le but de qualification étant l'œuvre de Rocheteau en plein boum. En 1975, les Verts chutèrent en demi-finale contre le Bayern de Munich (0-0, 2-0), qui battra de nouveau Saint-Étienne, cette fois en finale l'année suivante (1-0). Le 12 mai 1976, tout le monde regretta qu'on ne fit appel à Rocheteau qu'à sept minutes de la fin. Herbin n'a pas pu utiliser à son maximum l'ailier qui avait été blessé au cours du match précédent contre Nîmes. Dommage ! En deux accélérations, la « Roche » sema des dégâts considérables dans la défense bavaroise et faillit remettre les équipes à égalité. Le lendemain, tous les bistrots et halls d'accueil des entreprises ne parlaient plus que des Verts. Le football est aussi un sujet de conversation. Les perdants défilèrent sur les Champs-Élysées. La France était en panne de héros. On ne fêtait pas la défaite mais on célébrait une aventure.

Les Stéphanois connaîtront encore de beaux moments avec Larios, Platini et Rep, transfuge de l'Ajax. En 1976, les maillots de Saint-Étienne n'étaient floqués d'aucune publicité en Coupe d'Europe. Néanmoins, les Verts firent basculer le football du noir et blanc à la couleur. Emporté par la folie des grandeurs, Roger Rocher (1920-1997) oublia l'éthique des mineurs de fond du Forez pour se laisser griser par sa passion. Délaissant son entreprise, il a bien mélangé les perles Mekhloufi, Keïta, Piazza et Curkovic aux jeunes du centre de formation, mais il s'est égaré dans la « caisse noire » où 20 millions de francs avaient transité, entre 1977 et 1982. « C'était mon trésor de guerre », dit-il à son procès. Le président n'avait trouvé que ce moyen pour conserver des joueurs de haut niveau, usant des mœurs répandues. Il fut condamné par la cour d'appel de Lyon, le 15 mai 1991, à trois ans de prison, dont trente-deux mois avec sursis, et à 800 000 francs d'amende. Le président détruit séjourna quatre mois en détention préventive avant de bénéficier d'une grâce présidentielle en octobre de la même année, François Mitterrand étant un passionné de football qui sut passer l'éponge. La population ne fut pas reconnaissante à Roger Rocher de l'avoir fait rêver. Il porta le chapeau alors qu'il ne fit pas d'enrichissement personnel. Les Verts ont commencé à perdre leur âme à partir de la fin des années 1970 quand leur président fit signer Platini, Rep et Battiston, qui furent davantage payés que les joueurs formés au club. Ceux qui avaient fait le boulot jusqu'ici ne l'encaissèrent pas…

En 1992, l'ancien président des Verts Roger Rocher, à gauche, a retrouvé le temps d'une photo deux des entraîneurs majeurs de l'histoire de Saint-Étienne, Robert Herbin, à droite, et Albert Batteux. Beaucoup d'émotion pour oublier les problèmes liés à la caisse noire du club.

Les « originaux »

Keystone-France

Roger Marche.

Roger Marche (1924-1997)

Le capitaine de l'équipe Roger Marche, longtemps recordman des sélections avec soixante-trois capes, bénéficiait d'un traitement de faveur par le président du Racing Club de Paris, M. Dehaye, qui le laissa vivre dans les Ardennes au lieu de lui demander de rejoindre Paris ou ses environs. Le défenseur s'entraînait seul et retrouvait la capitale en fin de semaine pour jouer à Colombes ou partir en province. La condition physique du champion fut toujours irréprochable. Marche marqua son unique but sous le maillot bleu le jour de son ultime match international, contre l'Espagne (4-3), le 17 décembre 1959. À la soixante et unième minute, le « Sanglier des Ardennes » monta en surnombre et frappa de loin, côté droit, tentant un lob victorieux. Tout le monde rigola un bon coup. Dans l'équipe d'en face, il y avait Di Stefano, Gento et Suarez.

ImageForum

Sócrates.

Sócrates (1954)

Il appartient à la génération talentueuse du Brésil qui n'a rien gagné. En 1982, le capitaine de vingt-huit ans échoua au deuxième tour contre l'Italie de Paolo Rossi, auteur d'un triplé (2-3), et en 1986, la France (1-1) lui ferma la porte au nez des demi-finales, suite à la séance des tirs au but. S'estimant trop payé, il stoppa net sa carrière en Italie : « Si je dois toucher de l'argent et rester sur le banc, je suis un voleur », a-t-il expliqué, rompant son contrat avec la Fiorentina avant de repartir au Brésil pour terminer sa carrière à Botafogo. Sur le terrain on ne voyait que lui, reconnaissable entre tous avec sa barbe mangeant son beau visage grave, culminant à 1,92 mètre. Le milieu de terrain termina ses études et devint médecin. Le docteur Sócrates eut la joie de voir son petit frère Rai poursuivre la tradition familiale dans le football.

PresseSports/L'Équipe

Serge Chiesa (1950)

L'enfant de pieds-noirs remporta le Concours du jeune footballeur en 1967. Comparé à Kopa, le milieu de terrain lyonnais était passeur et buteur. Finaliste malheureux de la Coupe de France 1971, il gagna celle de 1973 avec Bernard Lacombe et Di Nallo. Parti pour signer un long bail avec les Tricolores, il refusa de participer au stage précédant le match France-RDA (2-2) du 16 novembre 1974. Chiesa était-il éprouvé par la non-qualification au Mondial qui conduisit à la démission de Georges Boulogne ? Loin de céder à ce genre d'explication, il prétexta souffrir de l'éloignement familial. De surcroît, la médiatisation de plus en plus pressante n'avait rien à voir avec un quelconque attrait pour le football : le but était d'augmenter le nombre de téléspectateurs. À vingt-quatre ans, Chiesa renonça à la carrière internationale. Il préféra recevoir ses clients et amis dans son tabac-presse plutôt que de répondre à des interviews. Ensuite, il retourna jouer au Clermont FC. En Auvergne, sa région de cœur.

du ballon rond

Jean-Marc Guillou (1945)

Le joueur du SCO d'Angers devint international sur le tard, à vingt-huit ans. Ce footballeur fut le dernier romantique, à l'intersection entre le foot technique et le foot physique. Le caresseur de cuir était membre actif des Bleus, qui se qualifièrent pour la Coupe du monde 1978 après douze ans d'absence au rendez-vous mondial. En Argentine, au même moment, on assiste à l'émergence de la génération Platini, son cadet de dix ans. Lors des matchs éliminatoires, les Tricolores, n'obtenant pas une revalorisation de leurs appointements pour porter des chaussures Adidas, décidèrent de ne pas mettre en évidence les trois bandes blanches de la marque : « J'ai même appliqué plus de cirage noir que d'habitude », confie le sarcastique Guillou, non aligné contre les Argentins (1-2). Ce gag fut confirmé lorsqu'ils jouèrent avec un maillot aux couleurs de Kimberley, une équipe locale, faute d'avoir oublié les leurs à l'hôtel. Telle est la version officielle qui dénote l'amateurisme ambiant de l'encadrement des Bleus, qui n'étaient pas encore une chasse gardée. La France l'emporta 3-1 face à la Hongrie. Une victoire pour rien. Toujours sans Guillou. Les Français quittèrent l'Argentine avec beaucoup de regrets et autant d'espoir. Devenu entraîneur, il fonda une académie de football à Abidjan pour former de jeunes joueurs en Afrique.

Gilbert Gress (1941)

Au début des années 1970, Henri Guérin invita Gilbert Gress à faire un petit tour chez le coiffeur avant de l'amener à la Coupe du monde 1966, en Angleterre. Gress s'y refusa ! À vingt-quatre ans, il avait un look intello avec ses épaisses lunettes et sa tignasse en broussaille. Les Bleus ne purent pas compter tout de suite sur la présence du bon technicien parcourant des kilomètres sans flancher. Il se dégagea les oreilles et attendit la nomination de Louis Dugauguez pour rejoindre l'équipe de France, où il fit à peine trois petits tours. Les sélectionneurs changeaient aussi souvent que les présidents du conseil sous la IIIe République. Sur les pelouses françaises, Gilbert Gress remporta la Coupe de France 1966 avec le Racing Club de Strasbourg et fit le doublé 1972 avec l'OM, puis enleva le titre de champion de France 1979, avec le RC Strasbourg, cette fois en tant qu'entraîneur.

Daniel Horlaville (1945)

Cas unique dans le football, l'amateur joua une rencontre avec les Bleus, le 30 avril 1969, face à la Roumanie (1-0) dans le nouveau Parc des Princes encore en travaux. Il avait pour partenaires Jean Djorkaeff, Roger Lemerre, Henri Michel, Charly Loubet et Hervé Revelli. Au cours de ce premier match amical officiel dans la nouvelle enceinte, Daniel Horlaville joua une mi-temps avant d'être remplacé par Georges Bereta. Sa renommée monta d'un cran lorsqu'il brilla en Coupe de France 1968 avec son club l'US Quevilly, éliminant Lyon (1-0), vainqueur de l'édition précédente. En quarts de finale, les amateurs s'offrirent le scalp de Dunkerque et ne chutèrent qu'en demi-finales face à Bordeaux après prolongations (1-2). Ce fut la meilleure performance d'un club amateur depuis l'instauration du professionnalisme. Membre éminent de l'équipe de France amateurs, Horlaville ne voulut pas quitter son métier de soudeur, sa famille et ses copains de boulot, alors qu'à vingt-quatre ans un bel avenir de pro l'attendait.

Jean-Marc Guillou.

Gilbert Gress.

Daniel Horlaville.

Le réalisme de l'Allemagne

« La plus belle Coupe du monde fut celle de 1970 », explique Franz Beckenbauer, l'un des grands footballeurs de l'histoire avec Pelé, Garrincha, Di Stefano, Puskas et Maradona

Cette génération de joueurs allemands est parvenue à hisser leur pays en finale de la Coupe du monde 1966 perdue face à l'Angleterre de manière contestée et contestable, en raison d'un but litigieux accordé aux Anglais. De gauche à droite : Uwe Seeler, Hans Tilkowski, Karl-Heinz Schnellinger, Franz Beckenbauer, Willi Schulz, Helmut Haller, Siegfried Held, Wolfgang Weber, Wolfgang Overath, Werner Kramer et Horst Hoetgges.

Au Mexique, le libero arrivait au stade sans avoir besoin de garde du corps. Il descendait du bus, prenait son sac en toute tranquillité. Aucun policier ne venait le protéger et il n'avait pas besoin de chasser les photographes. Rien chez lui n'incarnait le football physique de son pays. C'était l'ébéniste égaré dans une assemblée de bûcherons. Ayant débuté comme ailier gauche, il connaissait tous les rouages du football. S'il ratait une passe, cela devenait un événement national. On eut la confirmation qu'une main de fer était sous le gant de velours, en 1970, lors du légendaire RFA-Italie (3-4), en demi-finales de la Coupe du monde. L'Italie ouvrit le score par Boninsegna. L'Allemagne entama une haletante course-poursuite, changeant deux fois de joueurs en seconde mi-temps. Blessé à l'épaule, souffrant de la clavicule, Beckenbauer ne voulut pas quitter le terrain car il était impossible d'effectuer plus de deux changements par match. On lui fit un bandage de fortune et il reprit sa place. La mythologie était en route. À une poignée de secondes du coup de sifflet final, Schnellinger égalisa pour l'Allemagne. Le match s'emballa lors des prolongations où chaque équipe avait assez de ressource pour recoller à son concurrent dès qu'il semblait vouloir s'échapper. Ce match ne méritait pas d'avoir un vainqueur. Sur le terrain, Beckenbauer illustra le courage de sa formation, le bras en écharpe. Le chassé-croisé semblait insoluble jusqu'au moment où Rivera choisit de marquer dès la remise en jeu par l'Italie. Le score en resta là. Avec son sparadrap croisé sur le chiffre 4 de son maillot blanc, Beckenbauer conserva sa maîtrise. Aucune larme ne coula sur ses joues. Il n'était pas footballeur à afficher la moindre faiblesse, sûr d'être né pour être champion du monde. Il lui faudra attendre quatre ans pour le devenir chez lui, à Munich, ridiculisant la

Keystone-France

Pour travailler ses réflexes, Beckenbauer aimait jouer parfois goal à l'entraînement, à la condition de ne dégager la plupart du temps que des pieds, comme ici en 1970 avant le Mondial au Mexique.

Hollande de Cruyff. De tradition, l'Allemagne est une briseuse d'ambition adverse : elle empêcha aussi Puskas et Platini d'accéder à leur rêve. Disciplinés et réalistes, les footballeurs allemands sont de très grands compétiteurs qui étouffent les adversaires à la manière du boa. Avant d'être champion du monde, le « Kaiser » Beckenbauer avait déjà gagné quatre Championnats d'Allemagne et autant de Coupes nationales ; deux Coupes européennes et le Ballon d'or 1972. La récolte avait été bonne. Elle le sera encore après. À ce palmarès, il fallait ajouter la finale perdue en Coupe du monde 1966 et la troisième place de 1970. Au poste d'entraîneur, son charisme continua à faire des ravages : à la tête de la sélection allemande, il est vaincu lors de la finale du Mondial 1986, mais remporte la suivante en Italie. Cela fait quatre finales disputées en cinq participations. L'ancien joueur du Bayern de Munich est la conscience du football allemand. Il commit une seule erreur : se laisser embrigader dans le Marseille des années 1990, son antithèse. Il ne lui fallut que quelque temps pour s'apercevoir de sa faute. Il se mit un carton rouge à lui-même et repartit suivre sa bonne étoile. Beckenbauer ne donnait pas de coups. Ne transpirait pas. N'avait pas une impressionnante masse musculaire. Ses qualités morales prédominaient sur son physique. Plus que tout autre footballeur, ses pieds n'étaient que l'instrument de son cerveau. « L'œil est un simple Kodak, l'artiste, c'est le cerveau », a dit Auguste Rodin. Quand Beckenbauer arrêta de jouer, plus jamais personne ne joua comme lui. Le Stradivarius n'avait plus d'archet. Le « Kaiser » aida à mieux comprendre le football allemand qui « marche sur l'homme » puis enclenche une attaque supersonique. En trois passes, les Allemands peuvent marquer un but décisif, sans pratiquer un football de rêve. Faire rêver n'est pas leur vocation. La réalité leur plaît davantage. Et rien n'est plus réel que le score d'un match, à la quatre-vingt-dixième minute. L'Allemagne veut être classique dans un monde de fantaisie. Tel est le message de Beckenbauer, illustré à la lettre.

Faire rêver n'est pas leur vocation.

L'heureux capitaine allemand Franz Beckenbauer présente à la foule la coupe du monde 1970, gagnée face à la Hollande.

ImageForum

ImageForum

Johan Cruyff n'est pas parvenu à imposer son pays face à l'Allemagne de Beckenbauer qui comptait dans ses rangs le très bon goal Sepp Maier.

Le redoutable finisseur Gerd Müller appartient au premier rang des plus grands buteurs de l'Histoire.

Rue des Archives/Paris France

ImageForum

L'Allemagne est devenue championne du monde 1974 sur ses terres avec un groupe qui a mis fin aux rêves du Hollandais Cruyff. De gauche à droite : le capitaine Franz Beckenbauer, Sepp Maier, Hans Georg Schwarzenbeck, Rainer Bonhof, Bernd Hoelzenbein, Herbert Wimmer, Gerd Müller, Wolfgang Overath, Dieter Herzog, Paul Breitner et Berti Vogts.

La fièvre du calcio

Que n'a-t-on dit du football italien ! Soi-disant, il est la vitrine de comédiens qui ne font que du cinéma sur la pelouse

Le buteur de la Squadra Azzurra, Giovanni Ferrari, tentant sa chance devant Antal Szabo, lors d'Italie-Hongrie (4-2), en finale de la Coupe du monde 1938, le 19 juin, à Colombes.

Ce football tant décrié en raison de son efficacité a été récompensé par trois Coupes du monde et une longue liste de triomphes européens enregistrés par ses clubs phares. Dans les années 1930, le football transalpin a profité du nationalisme puis du fascisme, qui poussa les joueurs à se surpasser. Les dictateurs profitent des mouvements de foule pour priser l'individualisme. Le directeur technique Vittorio Pozzo fit prendre conscience aux joueurs de la Squadra Azzurra qu'ils devaient s'entraîner dur comme le musicien fait ses gammes. Il préconisa la vivacité dans l'exécution des mouvements pour déstabiliser les adversaires. Pozzo donna plusieurs longueurs d'avance à l'Italie. En 1934, les Italiens enlevèrent le trophée mondial chez eux à Rome, face à la Tchécoslovaquie (2-1). En demi-finales, les Tchécoslovaques éliminèrent l'Allemagne, qui annexa la Tchécoslovaquie quatre ans plus tard. Le jour de la finale, devant cinquante-cinq mille personnes, Mussolini remit la coupe à ses représentants. Il était satisfait de montrer l'éclat de son pays. Les footballeurs levèrent le bras. On eût dit des militaires. Le président de la Fédération italienne de football était un général membre du parti fasciste. Au début du match, Mussolini se fit applaudir un long moment. Avec tout ce décorum, personne ne voyait perdre le pays organisateur… Sur le terrain, les Italiens jouèrent avec ce qu'il faut de dureté. Ils ne jouaient pas pour jouer, mais seule la victoire était belle pour eux. En 1938, les Français espéraient, à leur tour, remporter la Coupe du monde à domicile. Les joueurs de la Squadra ne s'en laissèrent pas compter et sortirent vainqueurs du choc franco-italien (1-3) à Colombes devant cinquante-huit mille quatre cent cinquante-cinq spectateurs. Pleine de rancune, la foule marseillaise (trente-cinq mille personnes) choisit d'encourager les Brésiliens lors de la demi-finale Italie-Brésil (2-1). Le 16 juin, le public

L'Italie a toujours su composer de grandes équipes comme celle-ci à la fin des années 1960. Debout : Sandro Salvadore, Roberto Rosato, Giovanni-Baptiste Pirovano, Enrico Albertosi, Giacinto Facchetti et Luigi Riva. Accroupis : Mario Corso, « Sandro » Mazzola, Narcisio Burgnich, Angelo Domenghini et Gianni Rivera.

Tour d'honneur des Italiens, sous la conduite du défenseur Antonio Cabrini soulevant le trophée, après leur victoire 3-1 en finale de la Coupe du monde 1982, le 11 juillet, à Madrid, face à l'Allemagne.

L'équipe et les dirigeants du Torino disparus lors de la catastrophe aérienne de Superga, le 4 mai 1949.

siffla le capitaine Giuseppe Meazza et Silvio Piola (auteur d'un doublé contre la France) dès leur sortie du tunnel, et l'hymne italien fut conspué par la foule. Rien n'arrêta la marche des Italiens, qui devinrent à nouveau champions du monde contre la Hongrie (4-2), le 19 juin, à Colombes. Le 4 décembre 1938, quarante-cinq mille Napolitains se souvinrent du comportement des spectateurs marseillais lors du match Italie-France (1-0), que l'on disait amical… *La Marseillaise* fut recouverte d'injures et de cris de toutes sortes. On n'entendait pas la moindre note de la partition de Rouget de Lisle. Les dirigeants italiens rassurèrent leurs homologues français par le biais du général Vaccaro : « Ce n'est rien. Si sous entendiez les Napolitains accueillir les équipes de Rome, vous seriez contents du traitement qu'ils vous infligent ! » Après la défaite, Étienne Mattler avoua : « Le public nous a fait perdre 50 % de nos moyens. » Comme pour s'excuser de la foule, Vittorio Pozzo dit en fin de match : « Les Français sont en gros progrès. » Se moquait-il d'eux ? À la vérité, les tifosi étaient plus en résonance avec leur équipe que les spectateurs français ne l'étaient avec la leur. Nous étions à la veille de la Seconde Guerre mondiale… Les Tricolores cherchaient trop à s'attirer la sympathie de ceux qui les regardaient, alors que les Italiens jouaient pour gagner, se contentant fort bien d'un 1-0. Les Transalpins s'insérèrent dans un schéma tactique qui ne convenait pas à l'esprit réfractaire des

Français. Ils tinrent aussi compte de la manière dont jouaient leurs opposants. Les acteurs du calcio ont été les premiers à stopper la marche triomphale du football ibérique qui voyait Benfica Lisbonne reprendre le flambeau européen abandonné par le Real Madrid. En 1963, le Milan AC bat les Portugais 2-1 en finale de la huitième Coupe d'Europe. Avant que le football ne tisse sa toile d'araignée européenne, des joueurs n'ont régné que dans leur pays. Valentino Mazzola fut le fer de lance du Torino, champion d'Italie de 1946 à 1949. L'attaquant périt dans l'avion qui s'écrasa contre la colline de Superga, à l'est de Turin, le 4 mai 1949, avec l'équipe du Torino, faisant trente et un morts parmi lesquels dix-huit joueurs dont huit internationaux italiens, et leurs dirigeants. Cette génération aurait pu remporter une ou deux Coupes du monde. L'écrivain Dino Buzzati estima que si les victimes avaient été des écrivains, le pays n'aurait pas autant pleuré. Les petits Italiens ne comprenaient pas pourquoi les joueurs dont ils collaient les portraits sur leurs cahiers d'écoliers étaient morts près d'une basilique. L'enfance d'un garçonnet s'arrêta d'un coup. Fin technicien, passeur, animateur et buteur, Alessandro Mazzola sera le digne héritier de l'ancien capitaine du Torino et de la Squadra Azzurra. Chez les Mazzola, le talent se transmet de père en fils.

Après la défaite de la Squadra Azzurra en finale de la Coupe du monde 1970 contre le Brésil, l'Italie a recomposé un groupe compétitif. Debout : Giorgio Chinaglia, Francesco Morini, Gianni Rivera, Luciano Spinosi, Dino Zoff et Luigi Riva. Accroupis : Fabio Capello, Romeo Benetti, Narcisio Burgnich, Giacinto Facchetti et « Sandro » Mazzola.

Les redoutables défenseurs italiens Antonio Cabrini et Claudio Gentile exultèrent après le troisième but de la Nazionale marqué par Alessandro Altobelli, le 11 juillet 1982 lors de la finale de la Coupe du monde, contre les Allemands (3-1), en Espagne. L'Italie devint ce jour-là triple championne du monde, après les trophées de 1934 et de 1938.

La génération Platini

Michel Platini, lors de son festival contre la Yougoslavie de Safet Susic, à Saint-Étienne, pendant le championnat d'Europe des Nations, le 19 juin 1984. Ce soir-là, il marqua trois de ses neuf buts personnels qui permirent à la France de remporter sa première grande compétition.

ImageForum

« C'est à Séville en 1982 que notre équipe est née », dit souvent Michel Platini. Il parlait d'équipe. Pour ce qui concerne la génération, il faut remonter au 16 novembre 1977, soir de qualification pour le Mondial 1978

La France ne parvenait plus à disputer la phase finale d'une Coupe du monde depuis douze ans. Si le pays ne s'était pas qualifié, cela n'aurait pas déclenché un « accident industriel » dans le monde de la télévision. Les Tricolores devaient aller en Argentine pour eux-mêmes : il n'y avait pas d'exigence économique. La seule pression était sportive. Cette génération était-elle enfin en mesure de renvoyer aux oubliettes Kopa et les siens, que l'on nous resservait à chaque grande occasion ? Dominique Rocheteau ouvrit le score en fin de première mi-temps et Platini confirma ensuite avec Christian Dalger. 3-1 ! Le capitaine

Luis Fernandez, lors de France-Belgique (5-0) de l'Euro 1984, apporta beaucoup de *grinta* aux Bleus.

ImageForum

Photo souvenir prise à Font-Romeu au cours du stage de préparation pour la Coupe du monde 1982. Debout : Battiston, Bossis, Girard, Castaneda, Baratelli, Ettori, Amoros, Janvion, Mahut, Lopez ; au milieu : Larios, Genghini, Trésor, Platini, Tigana, Giresse, Hidalgo (entraîneur) ; accroupis : Rocheteau, Couriol, Soler, Lacombe, Six, Bellone.

ImageForum

chevronné des Bleus, Marius Trésor, allait enfin vivre un Mondial. Le roc de la défense central était soulagé à présent par les nouvelles pousses, dont Platini, qui vivait sa douzième sélection. Le Nancéen était si heureux d'avoir marqué de 30 mètres qu'il essaya de chaparder le ballon à l'arbitre. Au Parc des Princes, quarante-quatre mille huit cent soixante personnes applaudirent les Bleus, qui portèrent en triomphe leur entraîneur, Michel Hidalgo, le successeur de Stefan Kovacs, gourou roumain enrôlé pour insuffler l'esprit de l'Ajax, son ex-équipe. Sous la pluie, Michel Hidalgo pleurait sur les épaules du goal André Rey. Loin d'être des publicités à trois bandes, ils vivaient un beau moment de football, sans que leur maillot soit défiguré par le nom d'une chaîne de télévision en caractères gras. Tous étaient des footballeurs épanouis. Ils ont gagné. Ils auraient pu perdre. Hidalgo était partisan d'un football offensif avec une bonne assise défensive. Simple et efficace. Ses Bleus jouaient pour vaincre et non pas pour éviter la défaite. Hidalgo donna du crédit à la jeunesse.

Un football offensif avec une bonne assise défensive…

En Argentine, on n'oublia pas que le maillot argentin avait des lignes verticales qui ressemblaient aux barreaux des prisons d'une dictature. L'édifice du football français prit forme, de 1972 à 1985, grâce à Fernand Sastre (1924-1998), l'un des plus grands présidents de la FFF, à l'origine du Centre technique national du football à Clairfontaine-en-Yvelines. « La réussite de la génération Platini fit naître certains problèmes et surtout beaucoup de bonheur », dit-il. La France lui devra aussi l'organisation de la Coupe du monde 1998, qu'il mit au point avec Michel Platini. M. Sastre mourut au début de la compétition et ne vit donc pas le triomphe des Tricolores, qui lui doivent tout.

Sous l'ère de Michel Hidalgo, on vit apparaître trois créateurs dans l'équipe de France : Platini, Giresse et Genghini, qui furent rejoints par Tigana puis Fernandez. Les mauvaises langues ne

Michel Platini, contre la RFA, le 8 juillet 1982.

ImageForum

Harald Schumacher s'apprête à commettre son "attentat" sur Patrick Battiston. Le goal avouera plus tard être un adepte du doping. La FIFA étouffera les déclarations tonitruantes du footballeur agressif dans le pire sens du terme.

ImageForum

Italie-France. 8 février 1978. Michel Platini n'a jamais oublié le conseil de son père, Aldo : « Au foot, il faut voir avant les autres. »

leur prédisaient pas des jours heureux. On n'était plus à l'époque du Wunderteam. Le catenaccio était passé par là. La France arrive avec ses idées au Mondial 1982 où elle atteint les demi-finales, face à l'Allemagne. Depuis 1958, la France n'était pas allée aussi haut. Le 18 juillet 1982, les Français sont tous devant leur télévision. Les Allemands ouvrent le score et Platini répond par un penalty. L'arbitre ne sera plus autant attentif aux fautes commises sur les Bleus. Voyant Battiston déferler sur lui, Harald Schumacher fit semblant de s'occuper du ballon et se jeta en l'air sur le Français, qui resta au sol, inconscient. Le gardien ne s'inquiéta pas du blessé, que l'on transporta à l'hôpital sur une civière. Platini donna la main à son ami jusqu'au bord de la touche. Bien inspirés, Trésor et Giresse marquèrent un but chacun, envoyant la France au paradis puis en enfer, le temps de l'égalisation allemande, 3-3, et de la séance des tirs au but, défavorable aux Tricolores. À l'époque, seul Platini avait l'expérience des matchs de cette intensité puisqu'il jouait à la Juventus Turin. Une fois la défaite digérée, les Bleus comprennent qu'ils sont une vraie équipe. La Coupe du monde 1982 permit aux Français de bien aborder l'Euro 1984, qui se déroule en France dans un bon climat. Les supporters danois enchantent les Français. Tout se joua à Marseille en demi-finales contre le Portugal. La France se qualifia grâce à Tigana, qui s'arracha pour offrir un caviar à « Platoche ». BUT ! Les Bleus remportèrent la finale contre l'Espagne. Platini marqua neuf fois en cinq matchs. Comme à son habitude, il répondit présent. Les Français furent dans la liste des favoris pour le Mexique 1986. Hidalgo laissa la place à Henri Michel. Il le regrettera car c'était son équipe. Au Mexique, Platini était blessé mais il ne le dira pas publiquement. Le champion n'aimait pas se plaindre. Lors du quart de finale France-Brésil, il égalisa pour relancer la France. Disputé dans des conditions idylliques, le match ne vit quasiment pas le ballon sortir en touche. Pour départager

Le brillantissime Marius Trésor portait si bien son nom au centre de la défense tricolore.

Michel Platini s'apprête à semer le brésilien Alemao lors du merveilleux France-Brésil (1-1). Ce quart de finale de Coupe du monde est considéré comme un des plus grands matchs de tous les temps, disputé dans le meilleur esprit. Ce fut une finale avant la lettre, le ballon ne sortit quasiment jamais en touche, comme aimanté par les participants.

PresseSports/L'Équipe

Grâce à son impeccable capitaine Platini, la France se qualifia trois fois de suite pour disputer la Coupe du monde, entre 1978 et 1986. L'étincelle venait toujours de lui.

ImageForum

François Mitterrand assistant à la finale de la Coupe de France 1984, Monaco-Metz (0-2), le 11 mai, au Parc des Princes, au côté de Fernand Sastre, le réputé patron de la FFF. Le président de la République était un fin connaisseur de football, spectateur assidu du Racing Club de Paris de l'après-guerre, à Colombes.

les pays, il fallut passer de nouveau par l'épreuve des tirs au but qui tourna à l'avantage des Bleus grâce au goal Joël Bats, et à la dernière tentative de Fernandez. La demi-finale, remake de France-RFA de 1982, fut un fiasco : les Bleus ne parvinrent pas à entrer dans le match. Dommage, avec un Platini en forme physique, la France aurait pu affronter l'Argentine de Maradona. Pour Platini, l'heure de la retraite n'était plus loin, d'autant qu'il perdit son enfance au Heysel, où périrent trente-huit personnes, le 29 mai 1985. Des détracteurs l'accusèrent d'avoir dansé dans un bain de sang. Lui restait inconsolable : des amoureux du football étaient morts pour être venus le voir. Il joua encore trois matchs avec les Bleus, le temps de faire le deuil des victimes en faisant celui de sa carrière. Sans alerter la presse de ses intentions, il joua France-Islande (2-0) le 29 avril 1987, devant 27 732 personnes. À la fin du match, il dit : « C'est fini… » La classe jusqu'au bout.

FÉDÉRATION FRANÇAISE DE FOOTBALL
60 bis, avenue d'Iéna. 75783 PARIS Cedex 16

Championnat d'Europe de Football

Compétition préliminaire

FRANCE - ISLANDE

Le Mercredi 29 Avril 1987 à 20 heures
Sur le terrain du PARC DES PRINCES

Division C Rang Place No

№ 00411

INVITATION PERSONNELLE
NE PEUT ETRE VENDUE

Billet du dernier match international disputé par Michel Platini. Pas une seconde, il n'a voulu faire un événement de son départ des Bleus. Chapeau !

ImageForum

Platini a le ciel qui lui tombe sur la tête à force de voir les Bleus buter sur le cynique Harald Schumacher qui enraye les attaques tricolores lors de la demi-finale RFA-France (2-0) de la Coupe du monde 1986. L'Allemagne a brisé les rêves de maître Platini comme ceux de Puskas et de Cruyff.

> 1986 Argentine

L'apothéose de Maradona

Maradona s'apprête à affronter pas moins de six Belges lors du Mondial 1982. Au plan du talent pur, l'Argentin fut le meilleur footballeur de tous les temps. Intelligent, doué et combattif, son football contenait la magie capable de faire basculer n'importe quel match à son avantage.

« On ne verra plus un tel joueur d'ici deux à trois cents ans. » Voilà ce que l'on dit à Naples depuis le départ de l'idole dont l'effigie est toujours présente aux quatre coins de la ville. L'Italie du Sud en a fait son Dieu. Celui-là, les Napolitains sont sûrs qu'il existe. Les habitants l'ont vu et certains l'ont même touché

Ce Dieu a accompli des miracles au stade de la cité du Vésuve. L'enfant, né dans un bidonville de Buenos Aires le 30 octobre 1960, passait ses journées à jouer au foot dans la rue, parfois avec une boîte de conserve. Filmé dès son plus jeune âge, il confia : « Je veux gagner la Coupe du monde ! » À ce jeu-là, beaucoup d'appelés peu d'élus. Engagé au club Argentinos Junior, il est sélectionné dans l'équipe d'Argentine le 27 février 1977 contre la Hongrie (5-1) par Cesar Menotti, un esthète du football. L'ascension d'Armando Diego Maradona, plus jeune international argentin de tous les temps, ne cessa de croître alors qu'il se plaignait de ne pas être assez grand, comme si le monde des adultes n'était pas pour lui. Bien que Maradona fût le meilleur buteur de son pays (vingt-deux buts), Menotti ne lança pas le jeune homme dans la grande bataille de la Coupe du monde 1978 organisée par l'Argentine, et qui offrait un football de liberté, à l'opposé du régime politique du général Videla. Devenu champion du monde junior 1979, Maradona participa au Mondial 1982 où il reçut un traitement spécial de Claudio Gentile au cours du match Argentine-Italie (1-2). Le défenseur de la Juve ne lâcha pas sa « proie ». Non protégé par l'arbitre, Maradona fut véritablement matraqué. Transféré à Barcelone, il roda ses chevilles aux coups de butoir des joueurs européens. Quitte à souffrir du marquage à la culotte, Maradona partit à Naples sans se douter qu'il allait y vivre une love story avec les supporters qui l'accueillirent en héros : soixante-dix mille tifosi s'entassèrent sur les gradins du stade San Paolo pour saluer sa venue. Protégé à domicile, le Sud-Américain monta en régime avec son club : huitième en 1985 et troisième en 1986, fastueuse année où il devint champion du monde au Mexique face à l'Allemagne (3-2). Ce qu'il réalisa en quarts de finale contre l'Angleterre dépasse l'entendement. Le 22 juin

À 18 ans, Maradona n'a pas été retenu pour le Mondial disputé en Argentine. L'entraîneur Cesar Menotti l'estima trop jeune, alors que le gaucher était déjà traité comme une idole dans son pays. Cela l'a empêché d'être champion du monde dès 1978.

Né footballeur, Diego Maradona a passé son temps à le devenir. Se sachant doué, il a beaucoup lutté pour s'affirmer. Dès l'enfance, il s'est programmé pour être champion du monde.

ImageForum

Maradona marquant son but d'anthologie contre l'Angleterre (2-1), lors du match de quarts de finale de la Coupe du monde 1986, le 22 juin. Parti de son camp, il passa en revue tous les joueurs anglais se trouvant sur son chemin pour aller battre Peter Shilton.

1986, il fit entrer les amateurs du ballon rond dans la quatrième dimension. Après la mi-temps, il débloqua la situation grâce à un but de « la main de Dieu ! ». Non pas qu'il se compara au démiurge, mais il voulait dire qu'il n'y avait que ça à faire à ce moment-là. Comme si ça ne suffisait pas d'avoir suspendu son vol à la cinquante et unième minute, Maradona récidiva deux cent quarante secondes plus tard : partant de son camp, il passa en revue tous les Anglais et marqua un but venu d'ailleurs. Il donna ce récital devant cent quatorze mille spectateurs plus un milliard de téléspectateurs. En finale, les Allemands ne purent que constater le talent de Maradona, qui porta son pays au sommet du foot. Le trophée mondial en sa possession, Maradona remporta le Championnat italien 1987 avec seulement trois points d'avance sur la Juventus de Platini et de Laudrup. En Italie, les dernières journées de championnat sont toujours sujettes à controverse, avec ce qu'il faut de corruption. Là, le talent de Maradona est tellement à son pinacle que rien n'est plus normal que de le voir champion d'Italie puis d'enlever la coupe de l'UEFA. Naples n'en finissait pas de se raconter les prouesses de son génie : ici un corner rentrant, là un coup du chapeau, ou encore une tête lobant le gardien ou des une-deux avec Antonio Careca. Victime de ses mauvaises fréquentations, Maradona, trop faible dans sa vie privée, est devenu toxicomane, poursuivi par les dealers comme le sera le grand cycliste Marco Pantani. Le président de Napoli, Corrado Ferlaino, fait tout pour protéger son joueur emblématique à qui il a offert une Ferrari pour fêter le titre mondial : « Maradona me fit une fleur car vu son statut je craignais qu'il ne me demandât une chose beaucoup plus chère pour le conserver dans l'effectif. »

Quoi qu'il eût fait, son passage sur les terrains de foot est à jamais gravé dans l'histoire de ce sport auquel il a tant apporté. Tantôt adipeux, tantôt affûté. Tantôt amusant, tantôt agaçant. Aux dernières nouvelles, il était retourné habiter chez ses parents, à plus de quarante-cinq ans. Il est vrai que le mot « adulte » lui fait peur. Quand on lui demande : Quel est le meilleur joueur du monde ? il répond : « Ma mère pense que c'est moi, mais la mère de Pelé pense que c'est son fils ! » On se demande comment un tel artiste peut se priver d'exercer son art. Le football est un moyen d'expression qui ne veut plus de nous dès que l'on vieillit. Pelé fut entouré de maîtres à jouer. Maradona, non. Son mérite en est d'autant plus grand. Le président Corrado Ferlaino, aux allures de vieux parrain, était si épris de Maradona qu'il quittait souvent les matchs à la mi-temps, souffrant trop de voir son joueur victime de la brutalité des défenseurs. Quand il évoque les une-deux entre l'Argentin et Careca, il se met à sangloter. « C'était trop beau ce qu'ils faisaient. Trop beau… »

ImageForum

« Le gamin en or » avait un centre de gravité très bas qui lui permettait de résister à des charges très sévères. Il a subi de graves blessures de la part de défenseurs européens qui n'avaient pas d'autres moyens pour le stopper, sous le regard indifférent des arbitres.

Maradona évitant le tacle d'un Sud-Coréen lors la victoire argentine (3-1) au cours du Mondial 1986 qu'il remporta quasiment tout seul tant son emprise régnait sur sa sélection.

ImageForum

PresseSports/L'Équipe

Arrigo Sacchi fut un actif partisan du football porté sur l'attaque sans oublier de se doter d'une défense de fer. « Son » Milan AC est l'une des plus belles équipes de l'histoire. La voici réunie avant sa victoire en Coupe d'Europe des clubs champions, le 23 mai 1990, contre Benfica (1-0). Debout : Maldini, Rijkaard, Ancelotti, Gullit, Van Basten, Galli. Accroupis : Colombo, Costacurta, Baresi, Evani et Tassotti.

Le Milan AC de Sacchi

Arrigo Sacchi a toujours prôné le beau jeu, l'« art du football », mais il s'en donnait les moyens avec une bonne défense. Attaquer à tout-va, sans assurer ses arrières, ne conduit pas bien loin. Son but était de faire admettre à ses joueurs qu'ils pouvaient gagner à l'extérieur, attendu que vaincre à domicile devait couler de source.

À l'entraînement, il faisait répéter les enchaînements mis au point jusqu'à l'exaspération des protagonistes. Tant qu'il n'avait pas la certitude qu'un mouvement de fond émergeait de ses interminables séquences répétitives, il ne laissait pas tranquilles les porteurs du maillot rouge et noir. Il inculquait les principes de la « culture de la gagne » – la *grinta* – sans perdre de vue la dimension morale d'une indéfectible humilité. Avec l'appui de son président Silvio Berlusconi, il composa une équipe qui alliait la classe et la force. Une liste impressionnante de champions : Franco Baresi, Carlo Ancelotti, Paolo Maldini, Alessandro Costacurta, Frank Rijkaard, Ruud Gullit, Marco Van Basten… Rien que ces noms suffisent à expliquer la domination de ce groupe dans le calcio et en Europe (1989 et 1990). Savant mélange de joueurs formés au club et de trois Hollandais d'exception, l'équipe balaya sur son passage, à la grande joie des tifosi qui, quelques mois auparavant, avaient cru que leur club allait disparaître à cause de sa mauvaise gestion. C'est grâce à Berlusconi que le Milan AC a pu renaître de ses cendres, à la grande joie du futur magnat de la presse qui s'en servait aussi comme vitrine publicitaire à des fins politiques. Sur le terrain, Gullit alliait la puissance au plaisir de jouer. Ses accélérations spectaculaires déstabilisaient les défenses qu'il perforait à la vitesse grand V. Malgré les charges de plus en plus oppressantes de ses vis-à-vis, il parvenait à s'en

PresseSports/Popperfoto

Marco Van Basten dans ses œuvres d'avant-centre par excellence.

PresseSports/L'Équipe

sortir. Chevelure au vent, il partait balle au pied avec l'âme d'un invincible. Gullit dénonça souvent le pouvoir de l'argent, ce qui lui valut quelques inimitiés. Couvert de récompenses dont le Ballon d'or 1987, il remporta le Championnat d'Europe des nations 1988 sous le maillot orange de la Hollande, avec le brassard de capitaine. Son compatriote du Surinam, Frank Rijkaard, dégageait la même assurance servie par une décontraction perpétuelle. Bien sûr, il s'agissait d'un leurre puisque les dignes héritiers de Cruyff étaient des travailleurs acharnés qui œuvraient sans tomber dans le train-train de la basse besogne à accomplir : ils avaient ce supplément d'âme qui fait la différence entre un bon joueur et un artiste du ballon rond. Dotés d'un physique haut de gamme, ils entretenaient leur forme par des entraînements soutenus afin de ne jamais céder à la facilité des parvenus. Plus ils engrangeaient les victoires moins ils étaient rassasiés de trophées. Leurs adversaires étaient souvent paralysés à l'idée de les rencontrer, partagés entre le respect et l'envie d'en découdre. Marco Van Basten en est malheureusement l'illustration parfaite. L'attaquant hors pair subit tant les attaques des défenseurs adverses que sa carrière fut écourtée en raison de blessures récurrentes. Le virtuose a laissé une empreinte indélébile dans l'histoire. Son nom est synonyme de classe à l'état pur. Il fallait le voir partir en profondeur, hériter d'un ballon qu'il transformait en but, comme l'alchimiste transforme le plomb en or. En pleine course, il ajustait sa frappe avec la précision d'un laser. Il reste l'un des joueurs les plus élégants de la galaxie du football. Quand il quitta définitivement l'aire de jeu, les puristes portèrent le deuil de son talent. Les Hollandais et les Milanais n'avaient pas le monopole du chagrin. Un Van Basten nous manquait et tout était dépeuplé.

Les Milanais affichaient une concentration optimale qui leur permettait d'imposer un pressing constant et de jouer le hors-jeu d'une façon si fine que les adversaires se faisaient tous prendre au piège. Fin psychologue, Arrigo Sacchi a su motiver ses joueurs, remplaçants compris, pour les maintenir compétitifs malgré la rancune des non-titulaires qui s'accompagne toujours de revendications plus ou moins affichées. Il faisait en sorte que chacun d'eux ne restât pas seul dans son coin, rivé à son Walkman. À partir du moment où les joueurs de vingt ans ont commencé à gagner des milliards sans avoir rien prouvé, il s'est rendu compte que la tâche des entraîneurs n'était plus ce qu'elle était auparavant. Son œuvre a été poursuivie par Fabio Capello, avec également beaucoup de succès. Tradition oblige.

PresseSports/L'Équipe

Le défenseur et capitaine Franco Baresi a tout gagné sauf la Coupe du monde.

Ruud Gullit, un élément clé du Milan AC.

PresseSports/L'Équipe

Le déterminant Frank Rijkaard est un homme couvert de lauriers européens, aussi bien au Milan AC qu'à l'Ajax d'Amsterdam.

PresseSports/L'Équipe

PresseSports/L'Équipe

Le triumvirat hollandais est à la base des succès du Milan AC de Sacchi.

L'apogée de Manchester

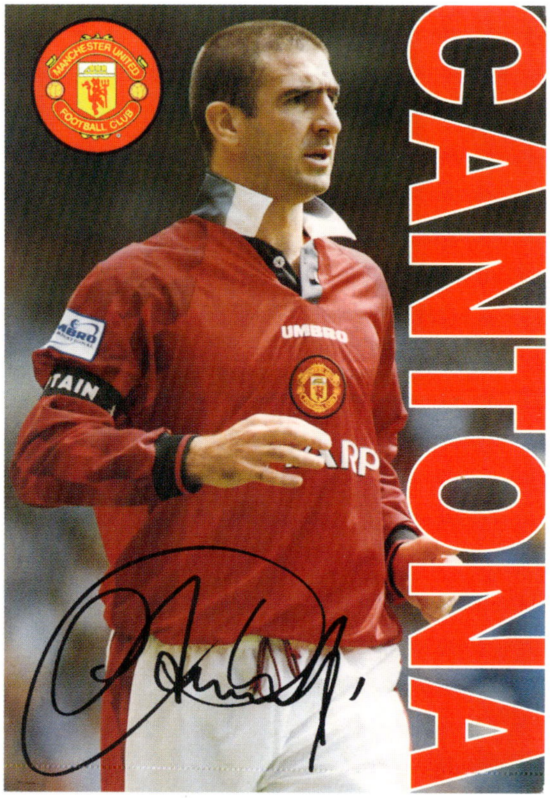

« Là-bas, il doit rester quelque chose de la magie du football », dit Éric Cantona quand il choisit de venir en Angleterre pour fuir les magouilles du foot français. L'affaire VA-OM éclata ensuite…

Comme il conquit le titre 1992 avec Leeds, qui n'avait plus rien gagné depuis dix-huit ans, Alex Ferguson le fit signer à Manchester United avec l'espoir qu'il ajoute enfin une ligne au palmarès du championnat figé sur le sacre de 1967. Dès ses débuts sous le maillot rouge, Cantona fut heureux d'évoluer enfin dans un club qui avait des racines, un tronc et des branches. Désormais, il faisait partie des bourgeons alors que les racines étaient symbolisées par les joueurs morts dans le crash de 1958. Le tronc étant ceux de la reconstruction de 1968. L'ex-entraîneur Matt Busby avait son fauteuil réservé au stade d'Old Trafford. En 1993, combien de fois a-t-il dû penser aux Busby Babes disparus qui avaient fait trembler le Real Madrid au printemps 1957 ?

Sortis vainqueurs des quarts de finale contre l'OGC Nice, les Madrilènes forcèrent leur talent pour éliminer les Mancuniens (3-1, 2-2). Au match aller, Di Stefano marqua un but d'un tir brossé après avoir traversé tout le terrain. Grâce au « King » Cantona, le club connut un second souffle dans la plus pure tradition des Reds : respect des adversaires et lutte jusqu'au bout. Cantona fut un « guerrier » aussi intelligent que doué, très difficile à charger. En quelques matchs, il fit oublier le départ à la retraite de Bryan Robson et enflamma le public d'Old Trafford, l'un des plus exigeants de la planète. Personne à part lui n'avait fait chanter *La Marseillaise* à quarante mille British ! Sous le charme de leur nouveau meneur de jeu, les Mancuniens se moquèrent des dirigeants fran-

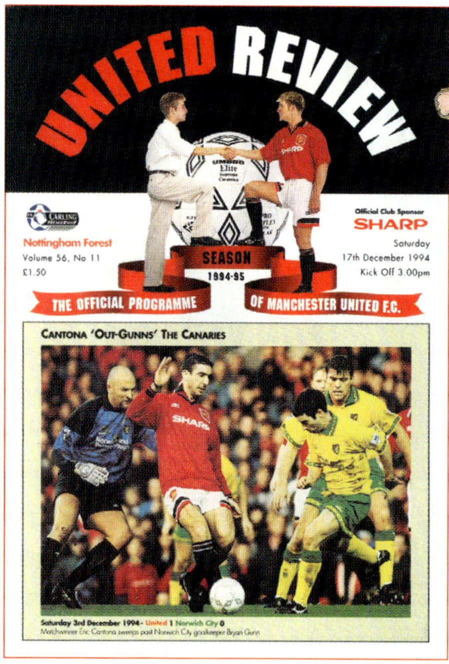

çais « si stupides de laisser à l'abandon un tel génie du foot ». Si MU aimait le Français, le reste du pays le maudissait, car Manchester représente la province face aux clubs londoniens de Chelsea et Arsenal. Au faîte de sa gloire, Cantona gagna les titres de 1993 et de 1997 plus les doublés de 1994 et de 1996. Depuis Platini et avant Zidane, aucun joueur français n'avait apporté autant au football. Les juniors de MU lui ciraient les souliers, au sens propre, fidèles à la mentalité du club qui développe la considération vis-à-vis de ceux qui font tourner la boutique. Ferguson se servit du Marseillais pour améliorer la concentration lors des entraînements. Avec Cantona, MU gagna tout, sauf en 1995 où il fut suspendu huit mois parce qu'il corrigea un supporter menaçant qui venait d'être condamné pour avoir agressé un gardien de station-service. Si la France mésestimait Cantona, les Mancuniens, eux, ne juraient que par l'élégance du passeur et buteur. À son contact, le Gallois Ryan Giggs devint un ailier gauche comme on n'en voyait plus ; Paul Scholes, en position de second avant-centre, se mit à marquer des buts décisifs ; Nicky Butt régnait dans sa zone de récupération de ballons chauds ; les frères Neville devinrent deux boucliers défensifs et David Beckham se tailla une popularité dans l'ombre de son aîné. Ce joueur de couloir, centreur et tireur, fut surmédiatisé en raison de sa rencontre avec une icône du show business formatée à l'air du temps. Autant Cantona était connu pour son football, autant Beckham occupait les pages *people* : « Le football a évolué. On ne peut plus être 100 % footballeur comme Éric. Maintenant les à-côtés ont pris le dessus », confia-t-il avant de partir faire de la figuration au Real Madrid. Les ventes du maillot madrilène floqué au nom de Beckham se vendirent avant qu'il n'ait joué un seul match au stade Bernabéu. Les Japonaises ne juraient plus que par lui. Le merchandising prit le dessus sur le jeu. Des gens venaient au

Les Mancuniens se moquèrent des dirigeants français « si stupides de laisser à l'abandon un tel génie du foot ».

PresseSports/L'Équipe

Le fabuleux entraîneur Matt Busby fête la conquête de la Coupe d'Europe des clubs champions 1968 avec ses joueurs de Manchester United.

> 1994 L'apogée de Manchester

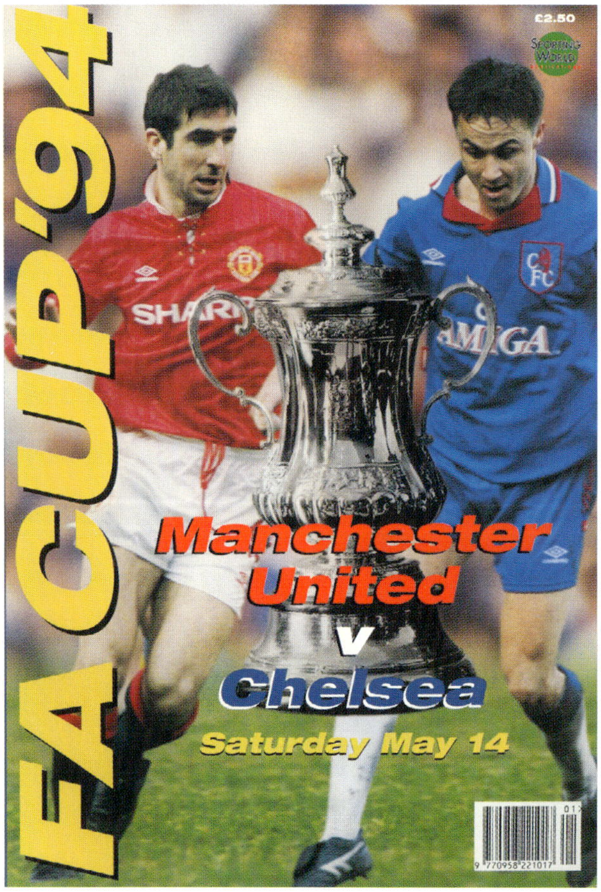

stade sans rien connaître au football. Cantona s'exprima à la charnière de l'époque où les footballeurs vedettes allaient gagner davantage d'argent que de trophées. Leurs émoluments dans la publicité étant plus élevés que leurs revenus dans le football. Pour comparer, il suffit de se reporter en 1966 : la qualification de la France à la Coupe du monde enrichit les Tricolores de 675 francs de prime chacun… Avant l'arrivée de Cantona à Old Trafford, le stade contenait trente-six mille places. Depuis son passage, l'enceinte atteint presque les quatre-vingt mille ! Avec le boum des télévisions par satellite, la cotation en Bourse et l'arrêt Bosman permettant la libre circulation des joueurs, le foot atteint la démesure : nombre de présidents jouent désormais au baby-foot avec des êtres humains. Les supporters les plus démunis ne peuvent plus aller au stade vu le prix prohibitif des places. Dépassé par son succès, le « club le plus riche du monde » des années 1990 a été vendu à un Américain qui ne savait même pas où se trouvait Manchester sur une carte géographique. Des actionnaires ont trahi l'intégrité de feu Matt Busby en vendant leurs actions au tycoon. Au XXIe siècle, les adversaires de MU ont de plus en plus tendance à composer leur équipe comme un casting de film. Des noms, rien que des noms, au détriment de l'esprit du jeu. Cantona, lui, est parti par la grande porte du football. Depuis son départ, un sondage dans toute l'Angleterre l'a élu « meilleur joueur de tous les temps en Premiership. » S'il avait été anglais, il aurait disputé la Coupe du monde 1998, avec le brassard de capitaine de la sélection anglaise.

Ryan Giggs, le Gallois.

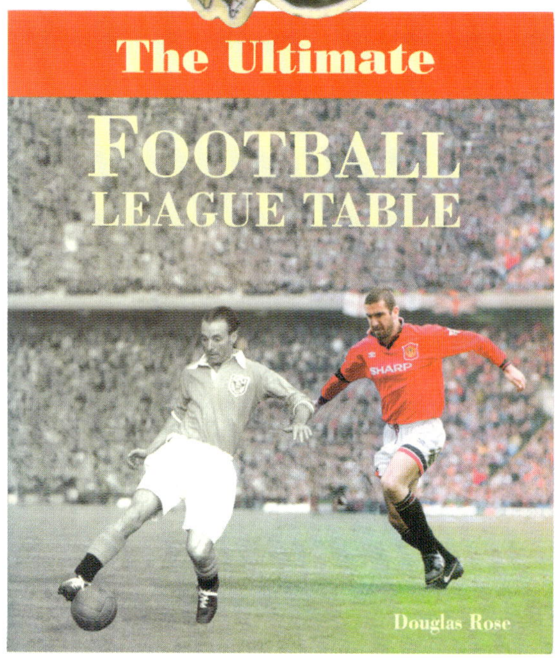

À la fois athlète et joueur d'exception, Éric Cantona a relancé le football britannique en lui apportant toute sa science du jeu basé sur la technique et la puissance. Le 11 mai 1996, il offrit un nouveau titre à son club Manchester United, en marquant l'unique but de la finale de la Cup, à Wembley, contre Liverpool (1-0), grâce à un « coup de patte » dont il avait le secret. Abandonné à son sort par la FFF, il n'a perdu que 20 matchs sur les 182 qu'il a disputés avec M.U.

Ryan Giggs

PresseSports/Popperfoto

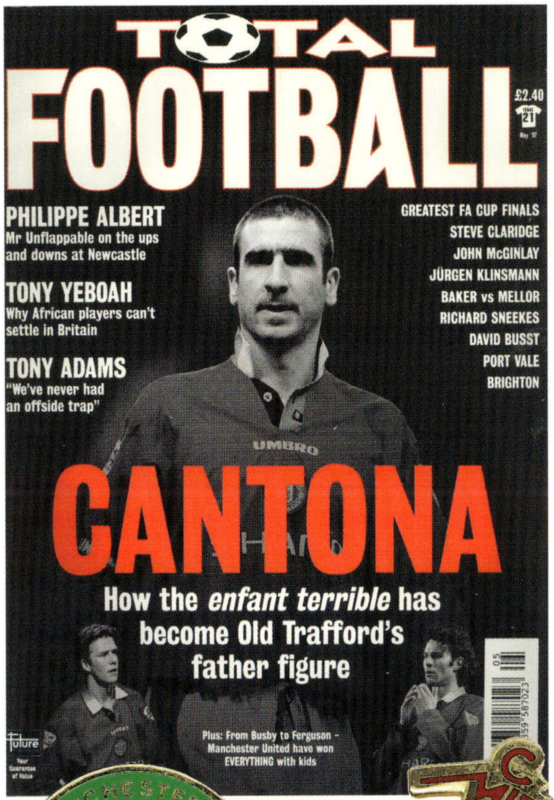

TOTAL FOOTBALL

£2.40

PHILIPPE ALBERT
Mr Unflappable on the ups and downs at Newcastle

TONY YEBOAH
Why African players can't settle in Britain

TONY ADAMS
"We've never had an offside trap"

GREATEST FA CUP FINALS
STEVE CLARIDGE
JOHN McGINLAY
JÜRGEN KLINSMANN
BAKER vs MELLOR
RICHARD SNEEKES
DAVID BUSST
PORT VALE
BRIGHTON

CANTONA

How the *enfant terrible* has become Old Trafford's father figure

Plus: From Busby to Ferguson – Manchester United have won EVERYTHING with kids

Future
Your Guarantee of Value

A Service of Thanksgiving and Celebration
for the Life of
Sir Matt Busby CBE KCSG
1909 - 1994

Old Trafford
Sunday, 24th April 1994

L'évolution

Demi essayant d'intercepter une passe.

Les joueurs du début du XXe siècle faisaient beaucoup plus vieux que leur âge. Leur dégaine était naturelle, sans aucune ambition de se faire remarquer

L'un des premiers à choisir une allure identifiable fut le goal Rudi Hiden, toujours vêtu d'un pull à col roulé blanc. Ce fut une vedette des pelouses. Jusqu'aux années 1950, les athlètes portaient en fait les stigmates des deux guerres. L'alimentation n'était pas des plus saines et ils ne bénéficiaient d'aucune préparation physique spécifique. Avec la paix, les morphologies sont devenues à l'image de celles de la rue. Les années 1960 marquèrent le virage entre le foot de papa et celui new-look de la bande à Cruyff, qui révolutionna la planète football dans les années 1970. Tout à coup, on vit des cheveux longs comme dans les orchestres de pop music. Les Hollandais furent les Beatles du ballon rond. Désormais, on voit de tout : crâne rasé, dreadlocks, cheveux peroxydés, crête comme les Indiens, tatouages, diamants aux oreilles et écarteurs de narine.

L'origine du mot « cape », désignant la sélection des joueurs, provient de *cap*, « casquette » en Anglais. L'évolution des maillots de l'équipe de France a également suivi des transformations au fil des changements de la société. On abandonna

Colombes, 1928.

Mary Evans/Keystone-France

Angleterre contre Écosse (2-1) en 1903.

du look

la chemise blanche de 1904, avec deux anneaux sur la poitrine, symbolisant l'Union des sociétés françaises de sports athlétiques, au profit d'un maillot rayé blanc et bleu puis d'un autre tout bleu, frappé du coq qui attestait du courage et de la fierté depuis le Moyen Âge. Col en V, à lacets ou avec boutons, le maillot en coton était désagréable à cause de la transpiration. Il collait au corps de Kopa lors de la Coupe du monde 1958. La découverte du Nylon donna des maillots dans lesquels les footballeurs des années 1970 étouffaient de chaleur. Au début des années 1980, on assista à l'avènement des microfibres, qui permettent la circulation de l'air dans d'amples maillots. En France, la numérotation fit son apparition le 4 avril 1948 sur le maillot des Tricolores. Les survêtements affichaient jadis FRANCE en gros. Désormais, l'espace est réservé aux logos des sponsors : l'équipementier, un hypermarché, une banque et une chaîne de télévision à péage qui règne en potentat,

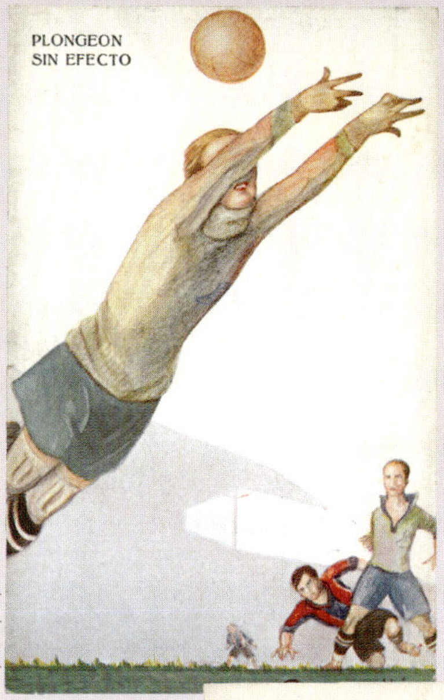

Mary Evans/Keystone-France

Mary Evans/Keystone-France

Mary Evans/Keystone-France

Mary Evans/Keystone-France

Angleterre contre Écosse (1-0) au début du vingtième siècle à Crystal Palace.

L'évolution du look

exactement comme Berlusconi en Italie ou Murdoch en Amérique. Il n'y a plus le mot FRANCE nulle part. En 1976, Saint-Étienne joua la finale de la Coupe d'Europe sans rien d'écrit sur le maillot, n'était le discret sigle du Coq sportif. En D 1, ils jouaient avec le fameux maillot vert floqué Manufrance en gros.

Au tout début du foot moderne, les chaussures furent des bottines renforcées aux chevilles. Les crampons étaient en bois puis en fer. Ils avaient une protection en osier à la pointe. Les premiers souliers révolutionnaires arrivèrent d'Amérique du Sud. Stanley Matthews en faisait la publicité. Les équipementiers ont vite compris qu'il fallait se servir du renom des champions pour faire connaître leurs produits. À tour de rôle, les joueurs les plus médiatisés deviennent des VRP de luxe dont les émoluments,

L'ÉCOLE DU GARDIEN DE BUT

de RENÉ VIGNAL

2.- LE DÉGAGEMENT

Le laçage des chaussures est très important. René Vignal montre ici la façon la plus classique employée par les footballeurs des clubs « pros ».

Vignal, lui, a une manière personnelle de lacer ses chaussures. Cependant, le nœud doit être à l'extérieur et non à l'intérieur du pied du joueur.

La passe à la main à un joueur démarqué est une façon de dégager encore assez peu usitée, mais qui a un grand avantage : celui de la précision. René Vignal démontre ici comment on doit passer à la main. Au terme d'une brève course d'élan, le gardien de but de l'équipe de France projette la balle avec force, presque à ras de terre, et toujours dans le sens de la course de l'homme démarqué à qui il adresse la passe. Les yeux sont fixés sur le partenaire choisi ; le bras gauche tendu en arrière rétablit l'équilibre, compromis par le mouvement de lancement. Vignal, qui possède l'un des meilleurs dégagements au pied, ne dédaigne pas la passe à la main, qui déclenche souvent des contre-attaques sérieuses.

La précision est aussi importante dans un dégagement que la puissance et la force. René Vignal est l'un des gardiens sachant le mieux adresser la balle à ses partenaires de l'avant. Il a établi une sorte de code qui lui permet d'indiquer au coéquipier choisi qu'il va recevoir la balle. L'adversaire ne doit pas savoir quel est ce coéquipier. Sur cette photo, à l'instant où il va dégager, Vignal élève la balle au-dessus de sa tête. Ce geste s'adresse à l'avant centre, qui est prévenu ainsi que le dégagement sera orienté sur lui. Le regard du gardien fixé vers la droite ou la gauche est destiné à tromper l'adversaire. Vignal indiquera d'un geste des mains tenant le ballon à quel ailier il destine son dégagement.

Le dégagement en six mètres est l'un des plus fréquents et il doit être non seulement puissant (afin d'éloigner le plus possible la balle du camp du gardien) et précis (afin de ne pas servir un adversaire, mais un partenaire démarqué). Le dégagement de Vignal est une véritable attaque contre l'équipe rivale. La « balance » du corps doit être parfaite comme le montre la photo ci-dessus. Le goal sait à qui il va adresser la balle et il assure son dégagement d'un coup d'œil. La jambe droite repliée va frapper la balle bien avec le coup de pied et la propulser en avant avec force et le maximum de précision. Le dégagement en six mètres exige un automatisme parfait qui s'acquiert à l'entraînement.

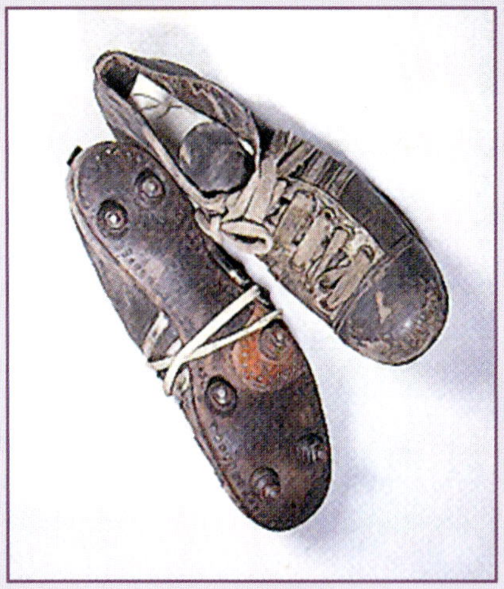

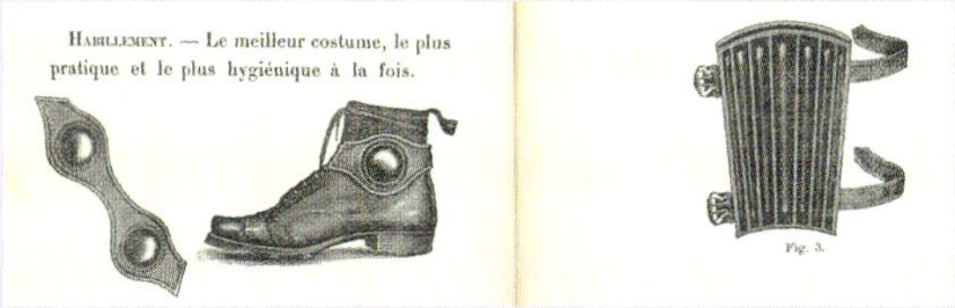

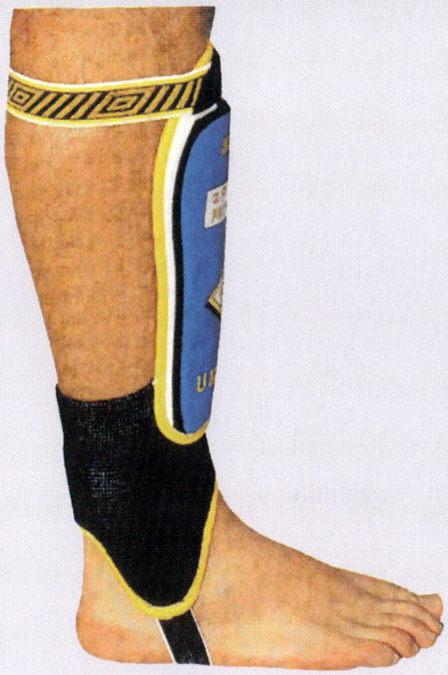

aujourd'hui, dépendent de l'énorme pouvoir télévisuel qui règne sur toute la planète.

Objet de toutes les convoitises, le ballon en cuir se gorgeait d'eau les jours de pluie, devenant très lourd, en fin de match. Il laissait apparaître un lacet au-dessus de la valve de la vessie. Dorénavant, les ballons sont plastifiés et fabriqués en microbilles creuses d'acrylnitril. Entretemps, il y a eu le Tunmer spécial, le Allen et le Hungarian. Ils étaient sacrés. À chaque fin de match, il y avait toujours un joueur qui ralentissait, espérant le coup de sifflet final pour se jeter sur la sphère et la mettre sous le maillot. Parfois, l'arbitre attendait qu'elle passe près de lui pour ne laisser à personne le soin de l'amener à la maison. Les joueurs faisaient signer le ballon par leurs copains avant de le placer dans une vitrine. De nos jours, les joueurs s'en moquent éperdument, oubliant que bien souvent il a été fabriqué par des enfants de pays du tiers-monde pour une poignée de centimes.

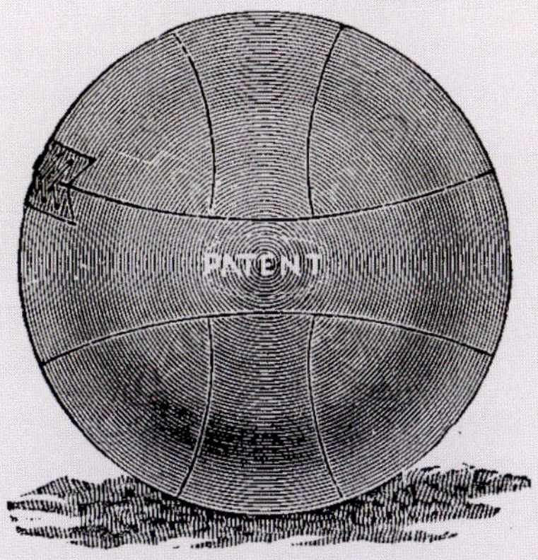

Les grands entraîneurs

Albert Batteux.

ImageForum/Mexsport

Cesar Luis Menotti.

ImageForum

Rinus Michels.

Jimmy Hogan (1882-1974)

Ancien joueur de Fulham et d'Aston Villa, ce savant du foot passait son temps à élaborer des stratégies qu'il avait du mal à imposer sur le sol britannique. Le natif du Lancashire s'exila à Vienne et devint l'interlocuteur de Hugo Meisl, avec lequel il peaufina le schéma du WM qui fit florès dans les années 1930 par le biais du Wunderteam. Ensuite, il se dirigea en Hongrie, et engagea une amitié avec Gusztav Sebes pour élaborer le 4-2-4. En 1953, les Magyars se présentèrent à Wembley sous cette forme et atomisèrent les Anglais (3-6).

Albert Batteux (1919-2003)

Entre 1950 et 1963, l'entraîneur-joueur de Reims remporta cinq titres de champion de France, une coupe, et parvint deux fois en finale de la Coupe d'Europe où il échoua devant le Real Madrid. Entre-temps, il œuvra à la tête des Tricolores lors de la campagne de Suède 1958, terminant troisième de la Coupe du monde avec son ossature rémoise. Au Mondial suédois, il fut associé à Jean Snella. Quand Batteux succéda à ce dernier au poste d'entraîneur de Saint-Étienne, il remporta quatre titres et deux Coupes. « S'il me l'avait demandé, je serais descendu dans un volcan en pleine ébullition », dixit Just Fontaine.

Jean Snella (1914-1979)

Sa conscience professionnelle était si grande qu'il refusa d'être sélectionné en équipe de France, s'estimant en « petite forme ». Né en Westphalie, le fils de mineur polonais joua à Arras, à l'Olympique lillois puis à Saint-Étienne, qu'il retrouva en tant qu'entraîneur, après-guerre. En 1957, il offrit aux Verts leur premier titre. Après un passage en Suisse, il revint dans le Forez glaner les nouveaux sacres de 1964 et de 1967. Il a conduit deux générations de grands joueurs. Toujours avec Mekhloufi comme relais principal. L'homme était si méticuleux qu'il vérifiait le gonflage des ballons. Son fair-play lui fit dire : « Pourquoi priver l'adversaire de la joie de gagner en prétextant que mes joueurs ne furent pas bons ? »

Michel Hidalgo (1933)

L'ancien milieu de terrain de Reims et de Monaco fut à la base de la renaissance du football français avec Fernand Sastre et Michel Platini. Adjoint de Stefan Kovacs, il apprit à décomplexer le football français qui n'avait jusqu'alors jamais rien gagné. L'humaniste forma un quatuor au milieu de terrain envié de tous les sélectionneurs de la planète : Platini, Giresse, Tigana et Fernandez. Hidalgo connut son apogée le 27 juin 1984 avec la conquête du Championnat d'Europe des nations. Le premier sacre tricolore.

Aimé Jacquet (1941)

Il aura été l'homme le plus détesté et le plus aimé de France. Le joueur fut élevé dans le culte de ses parents, qu'il vénère. Sur le socle de solides valeurs, il travailla en usine, tout en jouant à l'US Couzan, avant de signer à Saint-Étienne. Nommé patron de la sélection, il s'appuya sur son capitaine Éric Cantona, qu'il délaissa pour le binôme défensif Deschamps-Desailly. Contesté par la presse, Jacquet vécut la préparation du Mondial comme un calvaire. Avec la victoire finale, en juillet 1998, il fit taire les critiques et régla ses comptes, à même la pelouse du Stade de France.

Cesar Luis Menotti (1938)

Il a été champion du monde à quarante ans, record de jeunesse pour un entraîneur. « L'art de l'inimaginable surprend parce qu'il se construit en direct », dit-il du football. Adepte du beau jeu, il ne voulait pas savoir comment l'adversaire évolue, animé par le seul but d'imposer sa façon de jouer. « Gagner pour gagner ne m'intéressait pas. » Lui voulait être le meilleur.

du xxe siècle

Menotti compare le foot au tango, mélange de pas rapides et de pauses. Balle aux pieds, les joueurs ont une attitude narquoise qui leur vient de la débrouillardise. À la fois psychologue et sociologue, il expliquait aux joueurs qu'ils devaient avoir conscience d'entretenir un lien affectif avec la foule.

Rinus Michels (1928-2005)

Devenu coach, l'inventeur du « football total » souhaitait des « joueurs tous en mouvement dans le même sens grâce à une parfaite coordination ». Son but était l'audace, la vitesse, l'accélération et la création. Michels s'inspira de la méthode de Vic Buckingham, auquel il avait succédé. En 1971, l'Ajax remporta la Coupe d'Europe des clubs champions, avec la génération exceptionnelle conduite par Cruyff. Les deux hommes tenteront de gagner la Coupe du monde 1974, mais ils céderont devant les Allemands. Le monde entier était pour les Orange. Le monde entier, sauf l'Allemagne. En 1988, Michels concocta une nouvelle équipe d'anthologie qui remporta le Championnat d'Europe des nations.

Johan Cruyff (1947)

Au terme de sa carrière de virtuose, il devint un entraîneur sachant communiquer un football d'attaque. Le « Hollandais volant » régna sur le banc de Barcelone, entre 1988 et 1996, après avoir été leader sur le terrain à la fin des années 1970. Il bâtit une équipe solide avec Guardiola, Michael Laudrup, Stoïchkov, qui parvinrent à battre la Sampdoria de Gênes (1-0) en finale de la Coupe d'Europe 1992. Il fit sensation, déclarant : « Je suis plus connu que le Barça lui-même sur toute la planète. » Cela fait songer au mot de John Lennon qui se disait plus célèbre que le Christ.

John Stein (1923-1985)

L'Écossais fit don de sa personne au football anglo-saxon avec une formidable réussite au Celtic Glasgow, avec lequel il signa un doublé en 1954, au poste de meneur de jeu. En treize ans, il gagna vingt-cinq trophées dont la Coupe d'Europe des champions. « Jock » persuada ses joueurs inconnus qu'ils n'avaient aucun complexe à avoir vis-à-vis de gens qui étaient plus payés qu'eux. Lui, le protestant, ne jurait que par son équipe du club catholique. Après un grave accident de la route, il accepta de devenir le sélectionneur de l'équipe nationale écossaise. Le 10 septembre 1985, alors que son équipe venait d'obtenir un match nul 1-1 à Cardiff contre le pays de Galles, s'assurant ainsi de sa participation à la Coupe du monde 1986, le coach s'effondra et mourut au combat, tel un Molière du ballon rond.

Bill Shankly (1913-1981)

Le prestige de Liverpool FC se confond avec l'arrivée du manager qui s'écria un matin : « Désormais on jouera en rouge, de la tête aux pieds ! Cela fera peur à tous nos adversaires ! » Il ne croyait pas si bien dire. Les Reds furent au sommet du foot anglais en 1964, en 1966 et en 1973, avec deux Cups (1965 et 1977). Avant de mourir, Shankly eut le bonheur de voir son club remporter la Coupe d'Europe des champions 1981, à Paris, contre le Real Madrid. Le successeur de l'Écossais, Bob Paisley, fit fructifier le travail de Shankly. Y a-t-il quelque chose de plus beau ?

Bob Paisley (1919-1996)

Maçon de métier, le milieu de terrain rugueux disputa 278 matchs avec les Reds et gagna le titre 1947. Sept ans plus tard, il stoppa sa carrière pour retrouver sa profession d'origine quand le club lui demanda de s'occuper de la réserve. Lorsqu'il fut nommé à la tête de l'équipe première, il permit aux Reds de gagner

ImageForum

Michel Hidalgo.

PresseSports/L'Équipe

Johan Cruyff.

ImageForum

Bill Shankly.

> Les grands entraîneurs...

Helenio Herrera.

Enzo Bearzot.

Mário Jorge Lobo Zagallo.

trois Coupes d'Europe des champions. En 534 matchs, ils gagnèrent 308 fois et marquèrent 954 buts : « Notre victoire du 25 mai 1977 contre Mönchengladbach reste la plus belle soirée de l'histoire du club. Avec la coupe aux grandes oreilles, nous étions au septième ciel. » Le style Paisley, c'était un mixte entre la combativité et la technique latine.

Helenio Herrera (1916-1997)

Né à Buenos Aires, le fils d'émigrés andalous découvrit le football dans les rues de Casablanca avant de vivre à Paris. La paternité du catenaccio est souvent attribuée à H. H. alors qu'il était un adepte de la contre-attaque. À l'Inter Milan, le coach mit au point la tactique suivante : agir sur les hommes pour qu'ils agissent sur les faits. « Don Helenio » fut l'accoucheur de Luís Suárez, Ballon d'or 1960, et de Giacinto Facchetti, qu'il transforma en défenseur-attaquant. En 1964 et en 1956, H. H. remporta deux Coupes d'Europe aux dépens du Real Madrid de Di Stefano et Puskas (3-1) et du Benfica d'Eusebio. À la fois manager général, psychologue et attaché de presse, il prônait un football de combat avec d'incessantes permutations de joueurs : « Perdre 0-2 à la mi-temps, à l'extérieur, c'est rien, ça ! » Ses arrières pratiquaient la défense de zone, à l'exception d'un seul : le libero. Depuis sa mort, le doping est associé à sa méthode...

Enzo Bearzot (1927)

Alors que la presse italienne annonçait le Mondial 1982 comme un enterrement de première classe pour la Squadra Azzurra, le sélectionneur construisit une équipe autour du solide gardien Dino Zoff. Championne du monde, l'Italie avait bien caché son jeu, comme Bearzot qui s'abritait toujours derrière la fumée de sa pipe. Suite à l'élimination de son équipe en huitièmes de finale du Mondial 1986, devant la France, Bearzot se mit en colère contre le virage que prenait le football, victime des spéculateurs : « Trop de sponsors tuent le jeu. Il y a trop d'intérêts en jeu. Où est le sport là-dedans ? »

Sir Matt Busby (1909-1994)

Le visionnaire de Manchester United s'activa pour que les footballeurs soient traités comme des artistes à part entière. En 1957, il mit le monde de l'audiovisuel en alerte : « Les joueurs doivent être payés sur leur valeur. Pas de rétribution, pas de télévision... » À sa retraite, il arrivait au stade d'Old Trafford par Sir Matt Busby Way avant de s'asseoir sur le siège gravé à son nom. Son dernier bonheur fut de voir jouer Éric Cantona : « Je ne remercierai jamais assez le Français d'avoir relancé le club. » La statue de Matt Busby est la sentinelle d'Old Trafford.

Sir Alf Ramsey (1920-1999)

Le fils de vendeur de foin a été anobli par la reine d'Angleterre après avoir conduit son pays à la tête du football mondial en 1966. Il ne voulait entendre parler que du terrain et n'entretenait aucun contact avec le milieu journalistique, qui ne le ménageait pas. Au Mondial 1970, la presse va s'en donner à cœur joie : alors que l'Angleterre menait 2-0 face à la RFA en quarts de finale, Ramsay perdit bêtement le match car il fit sortir Bobby Charlton pour le ménager ! Néanmoins, depuis son départ de la sélection, les Anglais le remercient tous les jours de leur avoir donné le plus beau trophée d'un sport qu'ils ont inventé.

Mário Jorge Lobo Zagallo (1931)

L'ailier gauche de la Seleçao, champion du monde 1958 et 1962, a aussi brillé comme sélectionneur : champion du monde 1970. Nommé conseiller auprès des Auriverde, il fut sacré champion du monde 1994 ! Derechef à la tête de la sélection du Brésil, il fut vice-champion du monde 1998. Malgré des problèmes d'arythmie cardiaque, il prépara son pays pour aller tenter de gagner un sixième titre lors du Mondial 2006, en Allemagne. « Le football de 1970, c'était une totale improvisation. Aujourd'hui, il faut être polyvalent et répondre à la pression physique du camp d'en face ! » Zagallo a sa propre définition du football : « C'est une lune avec le Brésil pour sourire. »

Giovanni Trapattoni (1939)

Le milieu défensif remporta deux Coupes d'Europe des champions (1963 et 1969) et la Coupe d'Europe des vainqueurs de coupe en 1968, avec le Milan AC. Comme entraîneur, il remporta la maudite C 1 de 1985, avec la Juventus. Le coach globe-trotter applique partout sa méthode : lors des séances d'entraînement, il travaille la tactique et le physique tandis que les matchs de préparation servent à régler la défense.

Guy Roux (1938)

Amateur sans éclat à Limoges et à Poitiers, il devint entraîneur-joueur de l'AJ Auxerre, qu'il hisse de la Division d'honneur jusqu'à la D1, le 21 mai 1980. Aussitôt, le pays apprend à situer Auxerre sur la carte de France. Roux est désormais détenteur de quatre Coupes de France comme son homologue lillois André Cheuva. Il est aussi recordman des matchs sur le banc des entraîneurs de L1, avec 890 rencontres à son actif. Le gaulliste, amateur de Léo Ferré, pouvait téléphoner au président Mitterrand, qui le prenait toujours en ligne. Le soir même de son renoncement à la tête de l'AJ Auxerre, il croulait sous les propositions pour être consultant à la télé.

Valeri Lobanovski (1939-2002)

L'entraîneur fit triompher le Dynamo de Kiev lors de la Coupe d'Europe des vainqueurs de coupe 1975, qu'il parvint à remporter à nouveau une décennie plus tard. On eût dit qu'il n'avait pas le droit de rire, ni de sourire. Après un exil au Moyen-Orient, on le croyait retiré des affaires quand l'Ukraine, déclarée indépendante, lui demanda de mettre en place une troisième génération. Il dénicha de nouveau un joueur d'exception en la personne du prodige Andreï Chevtchenko. Sa passion pour son métier était si forte qu'il fut emporté sur le bord de la touche par une ultime émotion, en plein match, le 13 mai 2002.

ImageForum

Giovanni Trapattoni.

La Coupe du Monde de la FIFA.

ImageForum

Guy Roux.

Sir Matt Busby.

PresseSports/L'Equipe

Bob Paisley.

ImageForum

Valeri Lobanovski.

La saga des buteurs

Un petit garçon shoote dans une boule de papier dans l'une des cages vides dans le stade Highbury, l'ancien fief d'Arsenal, en 1937.

Rue des Archives-Paris France

Lors du dernier entraînement avant la rencontre France-Autriche de 1959, Albert Batteux parle à ses joueurs qui le vénéraient : Vincent, Muller, Sénac, Fontaine et Heutte écoutent sans broncher les paroles du docteur ès football.

Arthur Rowley (1926-2002)
Le plus grand buteur de l'histoire du Championnat anglais marqua 464 buts en 619 matchs sous le maillot de West Bromwich Albion FC, de Fulham FC, de Leicester City FC et de Shrewsbury Town FC, entre 1947 et 1965. Malgré sa redoutable efficacité, Rowley n'a jamais été sélectionné en équipe nationale. Il est impossible de mettre ses performances en perspective avec le football d'aujourd'hui, mais ce n'est pas demain la veille qu'un joueur va l'effacer des tablettes.

Dixie Dean (1907-1980)
L'auteur de 60 buts en une saison a sa statue devant le stade d'Everton. En 1927-1928, il se joua des défenseurs chevronnés qui n'arrivaient pas à l'empêcher de frapper sous tous les angles. Il attendait le moment idéal, ayant horreur de tirer hors cadre. Ses statistiques sont ahurissantes : 383 buts en 433 matchs. Victime de sa passion, il fut terrassé par un arrêt cardiaque, en regardant le derby Everton-Liverpool à la télévision, le 1er mars 1980.

Telmo Zarraonandia Montoya dit « Zarra » (1921-2006)
L'avant-centre international de l'Atletico Bilbao est l'un des joueurs phares du football espagnol. On lui attribue 400 buts marqués. Il remporta six fois le Pichichi de la Liga, soit la première place du meilleur buteur. Cible de tous les défenseurs, il eut d'innombrables fractures aux chevilles et une rupture des ligaments du genou. Il fut le déclencheur d'innombrables carrières parmi ses compatriotes.

Just Fontaine (1933)
Avec 13 buts marqués lors de la Coupe du monde 1958, il demeure le meilleur buteur sur une seule compétition. Né à Marrakech le 18 août 1933, il joua à Nice et Reims avec lesquels il fut champion de France. Auteur de 30 buts en 21 sélections, il fut le premier expulsé de l'équipe de France, le 11 octobre 1959, lors de Bulgarie-France (1-0), à Sofia. Sa carrière de joueur fut écourtée en raison de graves blessures. Grand défenseur de son milieu, il fonda en 1962 l'Union nationale des footballeurs professionnels pour lutter contre le pouvoir des dirigeants qui étaient parfois de vrais maquignons. Dix ans plus tard, le contrat temporaire, plus favorable aux joueurs, rendit sa liberté au footballeur.

La patenté canonnier Thadée Cisowski donna le tournis aux défenseurs belges lors de France-Belgique le 11 novembre 1956.

PresseSports/L'Équipe

Thadée Cisowski (1927-2005)

Le 11 novembre 1956, il fut l'auteur de 5 des 6 buts marqués à Colombes contre la Belgique (6-3). D'origine polonaise, le canonnier aimait suivre le ballon jusque dans les bras du goal. Trois fois meilleur buteur de D1, sous le maillot du Racing Club de France, il était d'une correction irréprochable. Il collectionna les fractures des jambes et les opérations aux genoux. Par la faute des arbitres qui ne le protégeaient pas plus qu'ils n'avaient protégé Fontaine. Il fut l'un des plus gros transferts de son temps. Le Racing dut casser sa tirelire en 1952 pour le faire venir de Metz.

Francisco Gento (1933)

L'ailier gauche du Real Madrid détient le record des victoires en Coupe d'Europe des clubs champions, avec six trophées remportés entre 1956 et 1966. Il fut surnommé la « Boule de feu » en raison de sa vitesse qui le rendait irrésistible une fois lancé. Il centrait et offrait des buts à Di Stefano ou Puskas. Sous le maillot du Real Madrid, il a marqué 253 fois en 761 matchs. Il n'avait qu'une faiblesse : son pied droit.

Uwe Seeler (1936)

Prototype du joueur allemand, jamais battu, donnant tout pour son équipe. On l'appelait le « Bouledogue affamé de buts » parce qu'il était soi-disant gros (1,70 m pour 75 kg). Le buteur marqua 764 buts en 810 matchs à Hambourg, entre 1944 et 1972, sous le maillot de Hambourg où il joua de huit à trente-six ans. En équipe nationale, les statistiques dénombrent 72 sélections, 40 brassards de capitaine et 43 buts.

Delio Onnis (1948)

Avec 299 buts entre 1972 et 1986, il est le meilleur buteur de tous les temps sur le sol français. Né le 24 mars 1948 à Rome, l'Argentin arriva à Tours en 1971 puis signa à Monaco, où il resta de 1973 à 1980. Le « Renard des surfaces » finit quatre fois meilleur buteur du championnat sous trois maillots différents (Monaco, Tours et Toulon). Puissant, les bas toujours baissés, il jouait sans protège-tibias. C'est dire qu'il n'était pas impressionné par les défenseurs.

Gerhard Müller (1945)

Dès ses débuts, il avait cette attitude qu'on lui connaît au moment de la frappe : l'ultime coup de reins pour tirer de près dans des positions inconfortables, souvent d'une pichenette. Lors de la Coupe du monde 1974, il marqua le second but qui donna le trophée à l'Allemagne devant la Hollande de Cruyff. Avec son long torse et ses courtes jambes, il hérita du surnom : le « Bombardier ». Lors de l'Euro 1972, il qualifia son pays en quarts et en demi-finales avant de marquer deux fois en finale. Il a glané un nombre invraisemblable de trophées dont trois Coupes d'Europe des clubs champions d'affilée avec le Bayern de Munich. « Je sens le but comme le chasseur le gibier », disait-il. Müller a inscrit 68 buts en 62 matchs avec la RFA. On n'a plus jamais revu un attaquant de ce type.

PresseSports/L'Equipe

L'Argentin Delio Onnis fut l'exemple même du renard des surfaces.

PresseSports/L'Equipe

Le buteur allemand, Gerd Müller, reste une référence à son poste.

PresseSports/Popperfoto

Lors de la Coupe du monde 1962, les Italiens sont parvenus à contenir les assauts répétés du réputé attaquant allemand, Uwe Seeler, pour obtenir un match nul sur un score vierge.

ImageForum

Le Madrilène Gento a réussi l'unique exploit de remporter six Coupes d'Europe des clubs champions sous le maillot du Real Madrid.

> La saga des buteurs…

Salif Keïta.

PresseSports/L'Equipe

Jose Altafini, Omar Sivori.

PresseSports/L'Equipe

Salif Keïta (1946)

Il reste un phare du football africain en raison de son talent et de sa sympathie légendaire. Son arrivé du Mali à Orly est restée en mémoire. Comme il avait deux jours d'avance, aucun dirigeant des Verts ne l'attendait. Il se dirigea alors vers les taxis et demanda qu'on le conduise à Saint-Étienne ! Ses longues jambes et ses 67 kg lui donnaient une allure de liane souple en mouvement qui enchantait les spectateurs. Il remporta trois titres et une coupe avec les Verts avant de passer à Marseille puis de partir à Valence, grâce à Di Stefano. Féru d'économie, il reprit ses études et fut ministre au Mali.

José João Altafini (1938)

Le Brésilien joua sept fois avec la Seleçao et six fois sous le maillot de la Squadra Azzurra. Il gagna la Coupe du monde 1958 pour le Brésil puis tenta en vain de remporter celle de 1962 dans les rangs de l'Italie. Mais la concurrence avec le jeune Pelé ne lui permit pas de disputer plus de trois matchs au Mondial 1958. Son surnom le prédestina à jouer dans le calcio, où il marqua 216 buts. Le buteur offrit la première Coupe d'Europe des clubs champions au Milan AC en 1969, empêchant Benfica de gagner sa troisième C1 d'affilée. Il occupe l'une des meilleures places du panthéon des *cannonieri* majeurs du foot transalpin.

Luigi Riva (1944)

Son physique de déménageur fit des ravages dans le calcio des années 1960-1970. L'ailier gauche était l'idole de la Sardaigne et il devint quasiment le plus grand Sarde de sa génération quand il contribua à faire gagner le Championnat d'Italie 1970 à Cagliari, club auquel il resta fidèle de 1963 à 1976. Trois fois meilleur buteur de la Série A, il a marqué 156 buts en 286 matchs avec Cagliari. Adepte d'un football engagé, il fut deux fois gravement blessé sous le maillot de la Squadra Azzurra, avec laquelle il fut champion d'Europe des nations 1968 et vice-champion du monde 1970.

Eusébio da Silva Ferreira (1942)

À vingt-quatre ans, il fut la vedette incontestée du Mondial 1966, marquant 9 buts. Avec lui à la pointe de l'attaque, le Portugal finit à la troisième place en Angleterre. La « Perle du Mozambique » fait partie des joueurs les plus talentueux de l'histoire. Le champion d'Europe 1962 a gagné onze titres de champion du Portugal et cinq coupes, avec Benfica Lisbonne. Celui qu'on appelait aussi la « Panthère noire » pouvait tirer des deux pieds et ajoutait à son adresse une force phénoménale. Il avait l'égoïsme des finisseurs et l'altruisme des passeurs. Le Ballon d'or 1965 a inscrit 582 buts pendant quinze saisons à Benfica.

Portugal-URSS, 28 juillet 1966. Une rencontre de géants entre Yachine et Eusebio.

PresseSports/Popperfoto

Après leur victoire 4-1 contre le Mexique, le 14 juin 1970, en quarts de finale de la Coupe du monde, « Gigi » Riva et Pier Luigi Cera se congratulent.

PresseSports/Popperfoto

Grzegorz Lato (1950)

Ailier droit à la visée juste, il était une rampe de lancement pour son pays. À vingt-deux ans, il fut champion olympique avec la Pologne, en 1972. Et vice-champion, en 1976. Il étoffe son palmarès en Coupe du monde, en 1974 et en 1982, finissant chaque fois à la troisième place. On eût dit qu'il avait des réacteurs à la place des crampons. Lors du Mondial 1974, il finit à la première place des buteurs, avec sept réalisations. En 104 sélections, il a marqué 45 buts. Son pays reste nostalgique de son efficacité.

Oleg Blokhine (1952)

L'« arme fatale » du Dynamo Kiev a charmé l'Europe des années 1970-1980. On n'avait pas l'habitude de ce genre de joueur qui nous faisait comprendre que les Latins n'étaient pas les seuls à savoir jouer au foot. Dans son pays, on l'a vite appelé Blokha, qui signifie la « Flèche ». Il fit rimer beauté et efficacité. Vif et adroit, il fut un footballeur très racé. Face à lui, Franz Beckenbauer s'exclama : « Ce n'est pas un footballeur, c'est un coureur à pied ! » L'Allemand n'en revint pas de voir le sprinter lui ravir la Supercoupe d'Europe 1975.

Ademir Marques de Menezes (1922)

En le voyant, personne ne pouvait se douter de sa force de frappe qui lui permettait d'enchaîner les victoires et de se sortir des situations les moins favorables. Sous le maillot de Vasco de Gama et de Fluminense, il a marqué 396 buts en 497 matchs. Le Brésil ne jura que par lui. La seule ombre au tableau fut la perte de la finale de la Coupe du monde 1950 face à l'Uruguay, au Maracanã, dans son « jardin ». Alors qu'il était le meilleur buteur du tournoi, avec 7 buts.

Kenneth Dalglish dit « Kenny Dalglish » (1951)

L'Écossais de Liverpool a remporté trois Coupes d'Europe des clubs champions. Avec sa *vista* et son sens du placement, il avalait l'espace puissant dans ses ultimes ressources. Il jouait chaque rencontre comme si c'était la dernière qu'il disputait. Ces appels de balle faisaient envie à tous les entraîneurs qui passaient leur temps à constater les dégâts quand ils affrontaient le phénomène des années 1970-1980. Il marqua 230 buts en 511 rencontres avec les Reds.

PresseSports/L'Équipe

Oleg Blokhine.

PresseSports/L'Équipe

RFA-Pologne, 1er juin 1978. Grzegorz Lato.

PresseSports/L'Équipe

Espagne-Écosse, 25 février 1982. Kenny Dalglish.

BLEU BLANC ZIDANE

Aimé Jacquet comptait beaucoup sur ces trois jeunes Tricolores : Bixente Lizarazu, Fabien Barthez et Robert Pires, qui deviendront champions du monde 1998 avec lui.

Entre ici Zinédine Zidane avec ton cortège d'exploits et de cartons rouges

Ses récurrents « pétages de plomb » n'enlèvent rien à son talent qui était très singulier dans un monde de plus en plus formaté. D'origine kabyle, le Marseillais fut instrumentalisé par la classe politique et les médias qui en firent l'icône de l'intégration, en dépit de ses grands devanciers des années 1930. Totalement méprisé par l'intelligentsia, l'histoire du football est laissée dans le ghetto du sport parce qu'il se joue avec les pieds, croit-on. En quoi, les pieds de Zidane seraient moins nobles que les mains de Rodin ? Le véritable artiste, c'est le cerveau. Décider en un millième de seconde de ce que l'on va faire dans un univers hostile n'est pas chose aisée. Outre sa pugnacité dans les duels, parfois au-delà du raisonnable, Zidane fut l'un des plus efficaces stratèges de l'histoire. Formé à l'AS Cannes, il se consacra à 100 % à sa passion, à la fois doué et travailleur infatigable. Sa classe fit les beaux jours de Bordeaux avant de se confronter au calcio. À la Juventus Turin, son jeu monta d'un cran, notamment grâce à la préparation et la récupération. (Zidane aura l'honnêteté de reconnaître avoir eu recours à la créatine.) Sa réputation de « chat noir » persista jusqu'à la Coupe du monde 1998 parce que avant de marquer deux buts de la tête au Brésil (3-0) en finale du Mondial, il perdit trois finales européennes. « Ma plus belle histoire d'amour en football, je l'ai vécue avec les Bleus », dit-il souvent, certain que les Tricolores lui permirent d'exercer son art avec le plus de réussite. Aux côtés de Marcel Desailly et Didier Deschamps, il fit office de petit frère hyperdoué. Refusant d'être un leader, il n'arriva pas à s'imposer capitaine jusqu'au départ de Marcel Desailly. Après un Euro 2004 mi-figue mi-raisin, il prit sa retraite internationale, estimant avoir tout gagné, dont la Champions League 2002 sous le maillot du Real Madrid grâce à un but d'anthologie. Réflexion faite, il décida de revenir en équipe nationale, en août 2005, ayant plus à perdre qu'à gagner. Devenu enfin un vrai capitaine, il désirait prouver qu'il était désormais un joueur décisif dans les grands rendez-vous. Avec Lilian Thuram, Claude Makelele et Thierry Henry, il qualifia la France pour la Coupe du monde 2006. En Allemagne, il fut de nouveau suspendu en phase finale avant de se reprendre contre l'Espagne, le Brésil et le Portugal qui lui permettent d'offrir trois récitals de toute beauté. Il resta le dépositaire du beau jeu. Si les Brésiliens le regardèrent jouer, les Italiens, eux, ne s'en laissèrent pas conter malgré l'ouverture du score par « Zizou », sur penalty. L'Italie remporta le titre, après la pénible séance de tir aux buts. Zidane, lui, était déjà dans les vestiaires, suite à sa nouvelle expulsion ! Tombé dans le piège de la provocation verbale, il asséna un coup de tête dans le plexus de Marco Materazzi qui n'en demandait pas tant. Zidane absent, la France perdit son âme. Porté aux nues par la classe politico-médiatique qui se cherchait un héros d'origine étrangère, Zidane eut la présence d'esprit de ne jamais se laisser récupérer par personne, hormis par la publicité dont il tira de grands bénéfices, ce qui est normal, vu son statut et sa popularité. Père de quatre garçons, Zidane a toujours souri quand on le

comparait à un génie du foot, à un dieu du ballon rond. Avec un second sacre mondial, il aurait sans doute gravi l'échelon qui le sépare de Maradona et de Pelé, les deux « monstres sacrés » du football, le huitième art. Devant lui, hors concours, figurent aussi Di Stefano et Puskas, pourtant non pourvus de maillot étoilé. Zidane appartient au rayon des vingt joueurs les plus doués de l'histoire avec Cruyff et Platini. Un arrêt déterminant de Buffon l'a empêché d'être sacré champion du monde, huit ans après 1998. Les Français sont éternellement reconnaissants à Zinédine Zidane d'avoir été l'élément créatif majeur de la belle génération 1996-2006 dont Fabien Barthez, Laurent Blanc, Emmanuel Petit, Patrick Vieira et David Trézéguet. Avant eux, il fallut attendre soixante-huit ans avant de remporter le titre mondial, inventé par Jules Rimet. Parvenir à disputer deux finales de Coupe du monde en huit ans est une performance exceptionnelle pour le football français. Kopa et Platini ne sont même pas parvenus à en disputer une seule.

Le prochain champion français va devoir être très costaud pour faire mieux que Zidane, auréolé d'une multitude de trophées dont ceux de champion du monde 1998, vice-champion du monde 2006, champion d'Europe des nations 2000 et champion d'Europe des clubs champions 2002. De passeur hors pair, il est devenu buteur capital. Timide face à un micro, il était sur un terrain l'exemple même du joueur combatif, qualité sans laquelle aucun sportif ne peut se réaliser. Sa technique lui permettait de se jouer des adversaires avec souvent une stupéfiante aisance. Il faisait vivre le ballon, capable de transformer une vilaine passe en somptueux but. La souplesse de sa cheville, ses contrôles extérieurs, sa fameuse roulette, sa « panenka » en finale, ses coups de tête face au Brésil (1998), son grand numéro de magicien face au Brésil (2006) resteront sa marque de fabrique déposée. Zidane a beaucoup donné à l'équipe de France qui le lui a bien rendu. Le styliste a haussé son niveau de jeu pour atteindre et parfois dépasser le statut de star qu'on lui avait donné. Les amateurs de beau jeu ne l'oublieront pas de sitôt. D'ores et déjà, les années Zidane font partie du patrimoine national. Dès qu'il s'est engouffré dans les escaliers du stade de Berlin, seul au milieu de la foule, il portait le deuil de son talent. On ne pouvait que partager sa peine.

Il faisait vivre le ballon, capable de transformer une vilaine passe en somptueux but.

PresseSports/L'Équipe

PresseSports/L'Équipe

Trois prises de vue de l'un des « coups de boule » historiques de Zidane, en finale de la Coupe du monde 1998, le 12 juillet, au Stade de France, lors du sacre mondial des Tricolores 3-0 contre le Brésil de son ami Ronaldo.

Les photos mythiques

PresseSports/L'Équipe

Le général de Gaulle, 21 mai 1967

Finale de la Coupe de France, au Parc des Princes. Lyon-Sochaux (3-1) : 32 523 spectateurs plus le président de la République. En plein match, l'Argentin de l'OL Hector Maison expédia le ballon dans les tribunes, qui prit la direction du général de Gaulle. Le président ne se démonta pas, il anticipa, capta le ballon à deux mains tel un gardien et le relança comme on fait une touche dans l'aire de jeu. La sphère était blanche avec des ronds noirs. À la fin du match, Fleury Di Nallo alla chercher son trophée accompagné de Claude Quittet, son homologue de Sochaux. De Gaulle se pencha vers Di Nallo, vingt-trois ans : « C'est bien, petit… » Cette finale était la cinquantième du genre. Et le « petit » en gagnera trois en tout.

Rue des Archives-Paris France

Pelé pleure, 1958

En Suède, le jeune Pelé, dix-huit ans, pleura à la fin de la première finale remportée par le Brésil. Il marqua trois fois en demi-finales, contre la France, et deux fois en finale, face à la Suède. On le vit craquer dans les bras du gardien Gilmar de dix ans son aîné. Ses coéquipiers le portèrent en triomphe devant la foule admirative. Superbe message d'avenir : 1,69 mètre et 67 kg de talent. Il avait le jeu dans la peau. Aimait dribbler, courir, tirer et servir ses partenaires.

Pelé rit, 1970

Le 21 juin, il ouvrit le score à la dix-septième minute d'une magnifique tête en pleine extension contre l'Italie en finale du Mondial 1970, puis sauta dans les bras de Jaïrzinho. Pelé leva le poing au ciel. Chez lui, il n'y avait jamais d'agressivité. Il célébrait toujours les buts de manière collective pour partager sa joie avec ses copains et le public. Ce but ouvrit le récital du Brésil qui l'emporta 4-1 avec des buts plus beaux les uns que les autres.

Le bras en écharpe de Beckenbauer, 1970

Blessé à l'épaule, le « Kaiser » ne voulut pas quitter le terrain parce qu'il ne pouvait plus être remplacé, ce 17 juin, la RFA ayant déjà effectué les deux remplacements autorisés, avec les entrées de Held et Libuda. Son courage physique fut apprécié par les spectateurs du monde entier, dont beaucoup découvraient le football. La présence du blessé ne parvint pas à éviter la défaite de l'Allemagne lors de ce match référence contre l'Italie. Vainqueurs dans les prolongations 4-3, les Italiens pouvaient laisser partir à l'hôpital leur valeureux adversaire.

Platini et Battiston, 1982

La France faisait bien circuler le ballon à une touche de balle comme souvent sous l'ère de Michel Hidalgo quand Battiston, rentré à la place de Genghini à la cinquante et unième minute, se présenta seul devant Harald Schumacher, sur une ouverture de Platini. Se moquant totalement du ballon, le gardien de la RFA sauta en l'air et prit de face Battiston en pleine course. Depuis son entrée, on sentait le Tricolore très affûté. Cinq minutes plus tard, il était allongé, K-O. Inerte, il semblait mort. Le staff médical des Bleus craignait une rupture des cervicales tant le choc fut violent. Pendant ce temps, Schumacher, la haine sur le visage, jonglait dans son coin sans un regard pour sa victime, que l'on sortait

PresseSports/L'Équipe

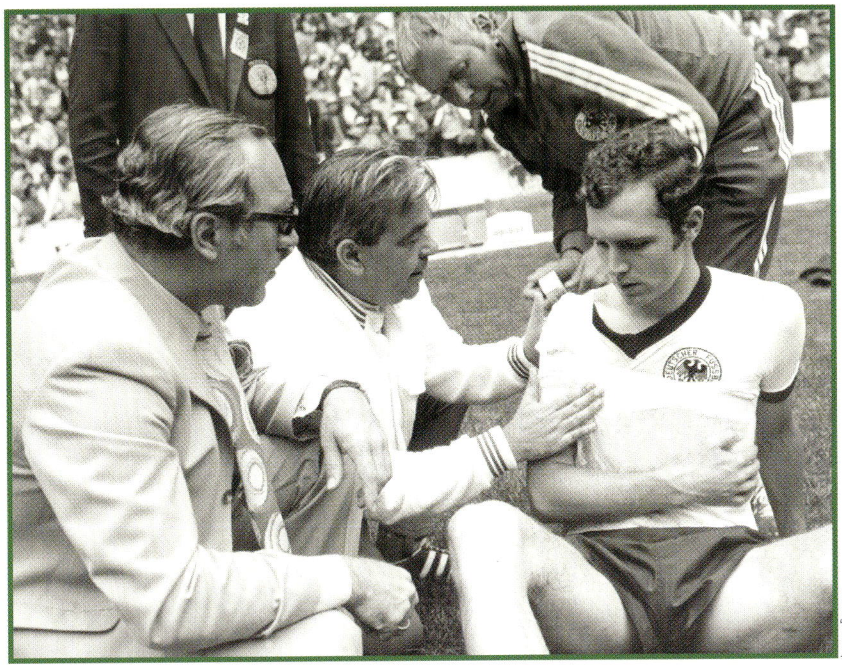

ImageForum

sur une civière. Platini tint la main de son copain jusqu'au bord de la ligne de touche. L'arbitre Corver (Pays-Bas) ne sanctionna pas Schumacher pour antijeu, peut-être parce qu'il avait déjà accordé un penalty à la France. Jamais un gardien n'avait manifesté autant de violence. Plus tard, il avouera avoir eu recours au doping.

Le sourire de Giresse, 1982

Son visage incarnant la liesse fut l'image du bonheur de la France. Bonheur de courte durée. Ce troisième but de la France contre la RFA en demi-finales de la Coupe du monde 1982 n'a pas été suivi d'effet positif alors que la France menait 3-1 dans les prolongations. Auparavant, Trésor avait déjà donné l'avantage à son pays. Ivre de joie, Giresse était au paradis sur terre. On était à la centième minute du match. Il restait vingt minutes pour que la France ait le droit de disputer sa première finale de Coupe du monde. Rummenigge et Fischer brisèrent tous les rêves français. Les tirs au but seront ensuite fatals aux Tricolores. Le bonheur de Giresse fut aussi grandiose qu'éphémère.

La main de Maradona, 1986

Le diable d'homme a parlé de « main de Dieu » pour expliquer sa pulsion qui l'amena de manière innée à boxer le ballon de la main pour l'envoyer dans la cage de l'Angleterre. L'Argentin venait d'exécuter une figure que l'on réserve d'habitude à l'entraînement pour feinter son copain gardien. Lui, le virtuose du foot, l'a réalisée en quarts de finale du Mondial 1986, devant des millions de téléspectateurs. On n'y a vu que du feu. Deux matchs plus tard, Diego était champion du monde

ImageForum

La tête de Boli, 1993

Lors de la finale de la Coupe d'Europe des clubs champions, Marseille joue gros le 26 mai 1993 à Munich. Battu en 1991 aux tirs au but contre l'Étoile Rouge de Belgrade, le club ne voulait pas revivre cette mésaventure. Juste avant la mi-temps, Basile Boli s'élève plus haut que les défenseurs du Milan AC et envoie au fond des filets le ballon que venait de tirer depuis le corner Abedi Pelé.

Mon équipe de rêve

Yachine
Facchetti Trésor Beckenbauer
Cantona Puskas Cruyff Pelé
Garrincha Di Stefano Maradona

Un football ultraoffensif.

Spectacle garanti

PresseSports/Popperfoto

PresseSports/L'Équipe

PresseSports/L'Équipe

PresseSports/L'Équipe

PresseSports/Popperfoto

PresseSports/L'Équipe

PresseSports/L'Équipe

Remplaçants :
Banks, Maldini, Neeskens, Müller et Platini.
Entraîneur :
Matt Busby assisté de Rinus Michels.

PresseSports/L'Équipe

Keystone-France

ImageForum

PresseSports/L'Équipe

PresseSports/L'Équipe

Bibliographie

Lev Yachine, Angleterre-URSS, 28 juillet 1966.

Les Bleus, Denis Chaumier, Larousse, 2004.
100 Anni del Campionato di Calcio, Luca Giannelli, Scramasax Edizioni, 1997.
Champions dans la coulisse, Gaston Bénac, ADS, 1944.
Chronique des Bleus, Collectif, Éditions Chronique, 2002.
Je refais le match, Eugène Saccomano, Plon, 2005
Les Coupes d'Europe, Jacques Ferran, Famot, 1978.
La Coupe du monde, 2 vol., Collectif, *L'Équipe*, 1997.
50 ans de Coupes d'Europe, Collectif, *L'Équipe*, 2005.
La Coupe du monde oubliée de 1938, Victor Sinet, Alan Sutton, 2002.
100 000 heures de football, Jacques de Ryswick, La Table Ronde, 1962.
Le Défi de Sedan, Yanny Hureaux, La Manufacture, 1984.
La Fabuleuse Histoire des joueurs de football, Jacques Thibert/Jean-Philippe Réthacker, La Martinière, 1994.
Foot, les 100 photos, Benoît Heimermann, EPA-Hachette, 2002.
Le Football dans nos sociétés, 1914-1998, Yvan Gastaut/Stéphane Mourlane, Autrement, 2006.
Séville, France-RFA 1982, le match du siècle, Pierre-Louis Basse, Privé, 2005.
Football joie du monde, Maurice Pefferkorn, Éd. J. Susse, 1944.
Les Grands Goals, Philippe Robrieux, Ramsay, 1979.
Le Guide du football, Dominique Rocheteau/Denis Chaumier, La Lucarne.
Le Livre d'or du centenaire de l'OGC Nice, Roger Driès, Éd. de la Belhommière, 2004.
L'Œuvre de Jules Rimet, Jean-Yves Guillain, @mphora, 1998.
OGC Nice, 100 ans de passion, Michel Oreggia, Gilletta/*Nice-Matin*, 2004.
Red Star, histoire d'un siècle, François de Montvalon/Frédéric Lombard/Joël Simon, Éd. Red Star, 1999.
Les Stars du football, Jean Boully, Bordas, 1988.
Il Toro e il Gigloi, Gian Paolo Ormezzano, Scramasax Edizioni, 2000.

Et *L'Équipe*, *France-Football*, *Football Magazine* et toute la presse en général.

Crédits

P. 10-11-12 et 13, les photos non créditées proviennent du livre *Red Star, Histoire d'un siècle*, publié par le Red Star en 1999. • P. 19, la photo de Camus lisant *En Avant* a été publiée dans le journal *Le Quotidien de Paris* en 1970. • P. 21, (en bas à droite) PresseSports / L'Equipe. • P. 22, (en haut à gauche) Keystone. • P. 35, (en bas au milieu) PresseSports / L'Equipe. • P. 36, les photos non créditées proviennent de la pochette d'un disque brésilien qui appartient à l'auteur. • P. 40 et 41, les photos non créditées ont été publiées dans le magazine *Miroir Sprint* n° 308, 5 mai 1952. • P. 42-44, les photos non créditées ont été publiées dans le magazine *Miroir Sprint* n° 519, 21 mai 1956. • P. 50, (en bas à gauche), D. R. • P. 56, (les 2 premières photos en haut à gauche), PresseSports / L'Equipe. (en bas à gauche) *Miroir Sprint* (*ibidem*). • P. 57, (au milieu) *L'Ardennais*. (en haut à droite) PresseSports / L'Equipe. • P. 58, cartes postales du club de Manchester © *Official Manchester United Product*. • P. 70, (en bas à gauche) carte postale D. R. • P. 72, (en haut à gauche) PresseSports / L'Equipe. • P. 88, carte postale D. R. • P. 89, carte postale du club de Manchester © *Official Manchester United Product*. • P. 96, (en haut à gauche) PresseSports / L'Equipe. • P. 100, (en haut à gauche) Keystone. • P. 104, (en haut à gauche) PresseSports / L'Equipe. • P. 109, Matt Busby, carte postale du club de Manchester © *Official Manchester United Product*.

Toutes les photographies (objets, affiches, dépliants publicitaires, couvertures de magazines…) et illustrations non créditées proviennent de la collection privée de l'auteur.

PresseSports/L'Équipe

Ferenc Puskas, Hongrie-RFA, 1er juillet 1954.

PresseSports/Excelsior

Gustave Jordan, Paris-Prague, 30 novembre 1936.

Sir Matt Busby.

PresseSports/L'Équipe